TRAITÉ

DU

RÉGIME FORESTIER.

T. II.

TRAITÉ

DU
RÉGIME FORESTIER

OU

ANALYSE MÉTHODIQUE ET RAISONNÉE

Des Arrêts, Réglemens, Décisions, Instructions et Circulaires, concernant l'Organisation des Officiers et Employés forestiers,
et la Partie Administrative de leurs
Fonctions ;

Suivie des Modèles d'États, Procès-Verbaux et autres Actes.

Ouvrage servant d'Introduction au Traité des
Délits et des Peines et des Procédures en matière
d'Eaux et Forêts,

Et faisant le Complément du Code général des Bois et
Forêts, de la Chasse et de la Pêche.

PAR M. DRALET,

Conservateur du Treisième Arrondissement Forestier.

TOME SECOND.

A PARIS;

Chez **ARTHUS BERTRAND**, Libraire, rue Haute-
feuille, n° 23.

———

1812.

TRAITÉ

DU
RÉGIME FORESTIER.

CHAPITRE XIII.

Des Droits d'Usage.

Autrefois la France possédait de nombreuses forêts, dont les produits excédaient les besoins de la population. Le prince, les seigneurs et les corporations à qui elles appartenaient, ne retirant presque aucun revenu de ces vastes propriétés, accordaient facilement aux communes et aux particuliers la faculté d'y prendre les bois nécessaires à leur chauffage et à leurs autres besoins, et celle d'utiliser l'herbe qui y croissait pour la nourriture de leurs troupeaux. Ces sortes de concessions étaient faites dans les vues d'attirer ou de fixer les cultivateurs dans des domaines qui attendaient la main de l'homme pour s'ouvrir à la fécondité; quelquefois aussi elles étaient déterminées par de légères prestations en argent ou en denrées de diverses espèces.

Telle fut l'origine des droits d'usages dans les forêts, soit qu'ils aient été acquis à titre gratuit ou à titre onéreux; ils sont distingués en deux classes; savoir : les *grands* et les *petits usages.*

Les *grands usages* sont : 1° l'*affouage*, qui est le droit de prendre dans une forêt le bois de chauffage nécessaire aux usagers; 2° le *maronage*, ou le droit de se faire délivrer des arbres pour la construction et les réparations des bâtimens; 3° le *pâturage* ou paccage, qui est le droit de faire paître le bétail; 4° le *panage,* qui consiste dans la faculté de mener les porcs dans une forêt pour s'y nourrir de glands et de faînes.

Lorsque ce dernier droit a pour objet la faculté de profiter du gland, il prend le nom de *glandée, wine et pâture.* Lorsqu'il s'applique à la faculté de faire manger les faînes, il se désigne par le nom de *foaine,* ou *paisson de faîne.*

Les *petits usages* consistent principalement à enlever les branches sèches, les bois morts et le mort-bois.

On entend par mort-bois certaines espèces de peu de valeur, tels que les *saules, marsaux, épines, puines, seurs, aulnes, genêts, genevriers* et *ronces* (1).

Il est facile d'imaginer combien de sortes d'abus les droits d'usage ont occasionnés dans les forêts. Toutes celles qui en sont grevées sont le théâtre de grands excès, quelle que soit l'activité des gardes et des officiers à la surveillance desquels elles sont confiées. Ce n'est pas que nous manquions de lois et de réglemens sur cette matière; mais lorsque les habitans et les bestiaux de plusieurs communes sont répandus dans toutes les parties d'une vaste forêt, il est bien difficile de prévenir les dégâts qu'ils y causent chaque jour.

De tous les efforts qui ont été faits pour diminuer le mal, le plus efficace est celui qui a eu pour but de ne laisser exister de droit d'usages que ceux qui se trouvaient fondés en titres, et de supprimer, moyennant indemnité, ceux qui étaient le plus abusifs, lors même

______

(1) Charte normande donnée en 1315; confirmée en cette partie, par plusieurs ordonnances, notamment par celle de 1669, tit. **XXIII**, art. 5.

qu'ils avaient été légitimement acquis ; tels étaient les droits de chauffage. L'ordonnance de 1669 en prononce la révocation et suppression générale. Les communes et les particuliers qui en jouissaient étaient de trois sortes : les uns avaient acquis ces droits pour cause d'échange et d'indemnités, avant l'année 1560 ; ceux-ci devaient être dédommagés en argent ; d'autres exerçaient ces droits à raison de redevances et prestations en deniers ou autres charges. L'ordonnance prononce à leur égard la suppression du droit et de la prestation ou redevance ; elle conserve en faveur des églises, hôpitaux, maladreries et communautés séculières et régulières, les droits de chauffage établis pour cause de fondations, dotations et aumônes ; mais ces droits devaient, dans presque tous les cas, être payés chaque année en argent, après évaluation préalablement faite.

Quant au bois à bâtir et à réparer les bâtimens, l'ordonnance prononçait aussi leur suppression ; mais il devait être pourvu à l'indemnité des parties intéressées qui avaient acquis leurs droits à titre onéreux, ou par dotation, ou fondation, ou par une possession justifiée avant 1560.

Cette ordonnance maintient les droits de pâturage et panage légitimement acquis ; elle veut seulement qu'ils soient reconnus dans les états arrêtés au conseil, de même que tous autres droits dont la suppression n'est pas prononcée. En conséquence de ces dispositions de l'ordonnance de 1669 , le Conseil d'État discuta en 1673, 1674 et 1675, les droits des communes et des particuliers qui prétendaient à des usages dans les forêts du domaine, et comprit ceux dont il reconnut la légitimité dans des états dont il fut envoyé des expéditions à tous les siéges des eaux et forêts. Ces états ont été soigneusement conservés ; ils ont force de loi.

Mais depuis 1675, les tems de licence ont fourni aux usagers le moyen d'étendre leurs prétentions, d'en former de nouvelles, et de multiplier les abus dans les forêts de l'ancien domaine ; d'ailleurs le sol forestier de l'Empire s'est agrandi de tous les bois acquis à la couronne, soit par la réunion de plusieurs pays conquis, soit par la suppression de différentes corporations , soit enfin par les séquestres auxquels avait donné lieu l'émigration. Toutes ces nouvelles acquisitions n'étaient point soumises au régime de l'ordonnance de 1669.

Elles sont étrangères aux états arrêtés au Conseil en 1673, 1674 et 1675.

Il fallait donc faire représenter aux prétendans droits d'usages les titres en vertu desquels ils jouissaient, et les soumettre à un examen qui mît l'autorité à même de juger la validité des droits réclamés.

Tel fut l'objet de la loi du 28 ventôse an 11. Elle oblige quiconque se prétend fondé par titre ou possession en droits d'usages dans les forêts impériales , à représenter, dans les six mois, au secrétariat des préfectures et sous-préfectures, les titres ou actes possessoires dont ils inféraient l'existence. Elle exempte néanmoins de cette représentation les communes et les particuliers dont les droits ont été reconnus et fixés par les états arrêtés au ci-devant conseil.

Les conseils de préfecture furent ainsi investis du pouvoir de statuer sur ces sortes d'affaires, après avoir pris l'avis des officiers forestiers (1). Ils pouvaient éclairer leur dé-

----

(1) Arrêté du 5 vendémiaire an **VI**. — Décision du ministre des finances, rapportée dans la circulaire de l'administration générale des forêts, du 4 vendémiaire an **XII** , n° 170.

termination en recevant des déclarations ou nommant des commissaires pour recueillir sur les lieux les renseignemens nécessaires, et en dresser procès-verbal, sans que ces actes fussent assujettis aux formes judiciaires (1). Mais dans certains cas les conseils de préfectures pouvaient renvoyer aux tribunaux la connaissance définitive de l'affaire, à raison, soit des enquêtes à faire, soit des titres, des jugemens ou questions de droit à examiner (2).

La loi du 7 ventose an 12 prorogea de six mois le délai fixé par celle du 28 ventose précédent ; des délais plus longs furent accordés pour les départemens situés sur la rive droite du Rhin.

Maintenant que ces divers délais sont expirés, tout prétendant droit d'usage qui n'a pas fait sa production est irrévocablement déchu (3). L'administration a donc une connaissance exacte de tous les droits d'usages

---

(1) Lettre du grand-juge, du 30 messidor an XII, rapportée dans une circulaire du 1ᵉʳ complémentaire an XII, n° 235.

(2) *Ibid.* — Loi du 19 germinal an XI.

(3) Lois des 28 ventose an XI et 7 ventose an XII.

dont sont grevées les forêts impériales. Les uns sont fixés par les états arrêtés au Conseil dont il a été parlé plus haut, et il a été statué sur les autres en exécution des lois des 28 ventôse an 11 et 7 ventôse an 12.

Pour faire suite auxdits états et ne rien laisser à désirer sur cette matière, l'administration a fait former dans chaque conservation un tableau conforme au modèle n° XXIX, des droits d'usages qui ont été reconnus fondés, et de ceux à raison desquels les réclamans ont été déboutés (1).

Si quelques réclamations peuvent encore rester à juger à raison des difficultés qu'elles ont présentées, ou des délais qu'ont entraînés les recherches de nouveaux titres à produire, il en sera fait un état supplétif (2).

Le Gouvernement a fait un pas bien important vers le rétablissement des forêts en excluant tous les prétendus usagers qui n'ont pas justifiés de la légitimité de leurs droits, et en restreignant dans de justes bornes ceux dont les titres ont été reconnus suffisans.

---

(1) Circulaire du 26 nivose an XII, n° 188.
(2) *Ibid.*

Mais le nombre des usagers qui ont été maintenus est immense, et les dégâts qu'ils font dans les forêts sont incalculables. Tout sollicite dans cette matière une salutaire réforme. Quels que soient les titres sur lesquels sont fondés les droits d'usages, ces droits ne doivent être considérés que comme l'effet de concessions qui peuvent toujours être restreintes par la volonté du prince. Ce principe est consacré par les anciennes ordonnances, qui laissent aux administrations le droit de fixer les parties de forêts où les usagers peuvent mener leurs bestiaux, et la quantité de bois qui peut leur être délivrée d'après l'état et la possibilité de la forêt. Louis XIV supprima les droits de chauffage, moyennant indemnité, dans les forêts de l'ancien domaine. La même suppression peut avoir lieu dans les forêts nouvellement acquises; et elles pourrait s'étendre sur le pâturage et la glandée. D'un autre côté, le propriétaire a le droit de se faire délivrer une partie de la forêt, franche et quitte de toute servitude, en abandonnant le reste en compensation du droit d'usage qui s'exerçait sur la totalité. Telle est l'action en cantonnement, réservée tant aux propriétaires qu'aux usagers par les lois des 19 septembre 1790 , et 28 août 1792.

Ainsi le Gouvernement peut affranchir ses forêts de tous droits d'usages , soit en indemnisant les usagers, soit en les cantonnant.

Mais, doit-il user de l'une ou de l'autre de ces facultés? Quelle est celle à laquelle il doit donner la préférence? Ou bien doit-il laisser les choses en l'état où elles se trouvent, en se bornant à faire exercer sur les usagers une surveillance plus active , qui nécessitera l'augmentation du nombre d'employés dans les arrondissemens contenant beaucoup de forêts grevées de droits d'usages? Ces questions demandent un examen approfondi , duquel il résultera vraisemblablement que ni l'un ni l'autre des partis qui viennent d'être indiqués ne doit être adopté exclusivement.

C'est ce que semble avoir préjugé l'administration, en chargeant le conservateur d'examiner si l'exercice des usages dans chaque forêt est indispensable ou non aux habitans des cantons, pour la subsistance des bestiaux; si la suppression du droit moyennant indemnité, dans le cas où il aurait été acquis à titre onéreux , serait une disposition nécessaire; et quel mode d'indemnité, soit en argent, soit par cantonnement, serait préférable (1)?

Pour répondre aux vues de l'administration en cette matière, les officiers forestiers doivent observer qu'il se trouve dans les campagnes éloignées des grandes villes, et notamment dans les montagnes, des forêts peu précieuses, à raison du défaut de débouché; qu'il y a moins d'inconvénient à y maintenir le droit de dépaissance, que dans les forêts qui ont un produit assuré et nécessaire soit à la consommation des grandes villes, soit au commerce; qu'en supprimant ce droit, on s'exposerait à voir déserter des hameaux et des villages, qui n'ont d'autres ressources pour leur subsistance que dans l'éducation des troupeaux.

La dépaissance étant moins nécessaire dans les pays cultivés et abondans en fourrage, ce droit destructeur peut être supprimé avec indemnité, notamment dans les forêts qui présentent des ressources précieuses aux constructions civiles et navales.

Lorsqu'il s'agit d'un affouage, rien ne s'op-

---

(1) Instruction du 7 prairial an IX, § 1, art. 30.

pose à ce qu'il soit remplacé par une portion de la forêt , capable de fournir à l'usager les mêmes ressources qu'il retire de l'exercice de son droit.

Quant au maronage, les circonstances locales, celles même du moment , commandent une sage circonspection dans le choix du parti à prendre à l'égard des usagers ; si la forêt grevée est la seule de la contrée qui puisse fournir des bois de construction ; si les arbres s'y coupent en jardinant , et que ceux qui sont propres au service soient rares et disséminés sur une grande étendue, la partie de cette forêt que l'on céderait aux usagers ne remplirait pas le but pour lequel le droit existant a été établi.

Enfin , il y a peu d'inconvéniens à laisser subsister les usages , lorsque ceux qui en jouissent sont en petit nombre , et que les localités permettent d'exercer sur eux une surveillance suffisante pour prévenir les abus.

Mais en attendant que le Gouvernement ait décidé du sort des usagers, soit par une mesure générale , soit partiellement, après s'être fait rendre compte successivement de ce qui est le plus convenable à chaque localité ; les officiers des forêts doivent donner tous leurs

(13)

soins à ce que les lois et réglemens relatifs aux usages de toute espèce soient ponctuellement observés.

Nous allons d'abord faire connaître les dispositions qui sont communes aux droits d'usages en général ; nous exposerons ensuite succinctement celles qui sont applicables à chaque espèce en particulier.

Dispositions des Lois relatives aux Droits d'Usage en général.

L'exercice des droits d'usage ne peut s'étendre au-delà du nombre des maisons et des bestiaux qui existaient à l'époque de la concession (1), lorsque ce nombre a été nominativement désigné dans le titre primitif (2); mais il peut en tout tems être restreint par l'administration, suivant l'état et la possibilité des forêts (3).

---

(1) Ordonnance de François Ier, du mois de mars 1515. — Réglement des 19 février 1554, et 20 février 1556.

(2) Opinion du ministre des finances énoncée dans une circulaire du 4 vendémiaire an XII, n° 170.

(3) Ordonnance de 1669, tit. XIX, art. 5, et

Les droits d'usage sont une servitude imposée sur le fonds d'autrui ; l'usager n'est point propriétaire ; c'est le titre qui consacre ses droits et qui en règle les charges (1). S'il est de stricte équité que celui qui retire les émolumens d'une chose en supporte proportionnellement les charges, cette maxime ne peut s'appliquer qu'à ceux qui ont titre égal et non à ceux qui jouissent en vertu de conventions particulières ; on ne peut donc obliger les usagers à payer tout ou partie des frais de garde, à moins qu'ils n'y soient tenus par leur titre ou qu'un long usage ne leur en impose l'obligation (2).

Mais les communes usagères ont un grand intérêt à la conservation et à l'amélioration des forêts sur lesquelles elles exercent leurs droits; il est digne des maires de ces communes d'engager les habitans à faire chacun un nombre déterminé de mètres de fossés, ou à donner des secours pour les semis et les plantations

---

tit. **XX**, art. 5, conforme à celle de **Henri III**, du mois de janvier 1583 , art. 10.

(1) Décision du ministre des finances rapportée dans une circulaire du 12 août 1806 , n° 332.

(2) *Ibid.*

(15)

jugés nécessaires ; et les officiers forestiers ne
doivent rien négliger pour stimuler, à cet
égard, le zèle de ces magistrats, soit directement, soit par l'intermédiaire de MM. les
préfets (1).

Dans *le Traité des Délits, des Peines et
de Procédures*, j'ai fait connaître textuellement
toutes les lois qui ont rapport à l'exercice de
chaque espèce de droit d'usage; il me suffira
ici de rappeler en substance leurs dispositions,
et de faire connaître les mesures administratives prescrites pour leur exécution.

Affouage.

On ne doit délivrer aux usagers qui ont le
droit de prendre le bois mort et *sec en étant,*
que les arbres dont toutes les parties sont absolument sans végétation (2).

Les usagers, dont le droit consiste à prendre
le bois *sec et gissant,* ne peuvent se servir
d'aucune espèce de ferrement, même de cro-
chets (3).

____

(1) Circulaire du 24 juin 1811, n° 446.
(2) Ordonnance de Henri II, du mois de février
1554, art. 29.
(3) Proclamation du 3 novembre 1789.

Les officiers ne peuvent donner de récompenses ou arrérages aux usagers qui auraient négligé de se faire délivrer le bois de chauffage auquel ils avaient droit les années précédentes, si ce n'est en vertu d'autorisation expresse du Gouvernement (1).

Les usagers ne peuvent vendre les bois qui leur ont été délivrés, ni le transporter en autre lieu que celui auquel l'usage est attaché, à moins d'autorisation expresse (2).

L'usager qui exerce un métier dans lequel il emploie du bois, n'en peut prétendre pour son métier, mais seulement pour son chauffage, et autres nécessités, suivant l'usage (3).

Les usagers sont tenus d'observer dans leurs exploitations toutes les formalités auxquelles le propriétaire serait lui-même astreint s'il abattoit pour son compte (4).

____

(1) Ordonnance des mois de juillet et septembre 1376 ; du 31 mars 1388, art. 34 ; du mois de septembre 1402, art. 33 ; du mois de mars 1515, art. 50.

(2) Ordonnance de juillet 1376, art. 31 ; de septembre même année, art. 27 ; de 1388, art. 31 ; de 1515, art. 47, et de 1529.

(3) Plusieurs réglemens rapportés par Saint-Yon, page 1068.

(4) *Ibid.*, page 1084.

Maronage.

Les usagers ne peuvent prendre aucun arbre, qu'il ne leur ait été délivré par les officiers forestiers (1).

Avant toute délivrance, les officiers doivent exiger que les usagers réclamans fournissent des devis faits par gens de l'art, qui constatent la nécessité des réparations à faire et le nombre des arbres nécessaires (2).

Ces devis doivent être présentés, au commencement de chaque année, au maire de la commune, qui forme un état de toutes les demandes, et l'adresse, accompagné de son avis, aux officiers forestiers (3).

Lorsque cet état a été autorisé ou réduit d'après la possibilité de la forêt, les officiers procèdent au martelage d'assiette et de délivrance des arbres accordés (4).

---

(1) Ordonnance de François 1er, de 1529 et 1540 ; et de Henri III, du mois de janvier 1583.

(2) Réglement du 4 septembre 1601, et plusieurs arrêts rapportés par Saint-Yon, page 1081.

(3) Réglement pour les forêts de la maîtrise de Quillan, du 29 octobre 1754, tit. IV.

(4) *Voyez* ce qui a été dit ci-dessus au sujet de ce double martelage, tome 1er, page 124.

Le bois n'est distribué aux particuliers réclamans, qu'après que l'exploitation en a été entièrement faite par les commissaires choisis aux frais de la commune (1).

Après l'expiration des délais fixés pour l'exploitation, le récolement doit en être fait dans les formes ordinaires (2).

Les usagers ne peuvent vendre, donner ni permuter les bois à eux délivrés (3).

Aucune nouvelle délivrance ne peut leur être faite, qu'ils n'aient justifié de l'emploi des arbres par eux obtenus (4).

Ils ne peuvent donner aucune partie des arbres à eux délivrés aux propriétaires des scieries, en paiement de la refente qui en est faite dans ces usines (5).

----

(1) Ordonnance de 1669, tit. XXV, art. 11. — Instruction publiée par l'administration, le 25 ventose an XI.

(2) Réglement pour les forêts de la maîtrise de Quillan, du 29 octobre 1754, tit. IV.

(3) Ordonnances de 1333, 1376, 1402 et 1526.

(4) Réglement du 4 septembre 1601, et plusieurs arrêts rapportés par Saint-Yon, page 1081.

(5) Décision du ministre des finances, du 16 frimaire an XIII.

Il n'est pas permis aux usagers de porter des haches et autres instrumens dans les forêts pendant la nuit (1), d'y faire des cendres sans autorisation (2), ni d'ébrancher les chablis (3).

Pâturage et Pacage.

Les chèvres, les brebis et les moutons ne peuvent, en aucun temps, être introduits dans les forêts, les landes, bruyères, places vaines et vagues aux rives des bois (4).

Toutes autres espèces de bestiaux peuvent être menées au pâturage ou pacage par les usagers, pourvu qu'ils soient de leur *nourriture,* c'est-à-dire qu'ils ne soient pas un objet de trafic ou de commerce (5).

On ne doit considérer comme étant de la *nourriture* des usagers que les bestiaux qui leur appartiennent ; ils ne peuvent envoyer au pâturage les bestiaux d'autrui qu'ils auraient retirés dans leurs maisons (6).

---

(1) Ordonnance de 1669, tit. XXVII, art. 34.
(2) *Ibid.,* tit. XXVII, art. 19.
(3) *Ibid.,* tit. XVII, art. 2.
(4) *Ibid.,* tit. XIX, art. 13.
(5) *Ibid.,* art. 14.
(6) *Ibid.,* art. 10.

Tel est le droit commun : mais les titres de concession doivent toujours être consultés ; car certains usagers ont le droit, d'après leurs titres, de mener dans les bois les bêtes dont ils font le trafic ; d'autres ne peuvent y envoyer que les bêtes *aumailles*, c'est-à-dire les bêtes à cornes, tels que les bœufs, les vaches et les taureaux ; d'autres ne peuvent utiliser le paturâge que pour les animaux qu'ils emploient au labourage.

Quels que soient les droits des usagers, ils ne peuvent mener leurs bestiaux que dans les parties de forêts qui ont été déclarées défensables (1).

A cet effet, les officiers forestiers forment tous les ans, chacun en ce qui les concerne, un état des parties reconnues *défensables*, conforme au modèle n° XXX.

Ces états, revêtus de l'avis du conservateur, sont envoyés dans les premiers jours d'avril au conseiller d'état directeur général de l'administration, pour être revêtus de son approbation (2).

____

(1) Ordonnance de 1669, tit. XIX, art 1 et 3. — Décret impérial du 17 nivose an XIII.

(2) Circulaire du 10 mars 1807, n° 351.

L'administration est libre de comprendre dans ces états telles parties des forêts qu'elle juge à propos, pourvu que le rejet soit au moins de six ans (1).

Mais ce serait une grande erreur d'en conclure qu'il faille déclarer défensables tous les taillis qui sont parvenus à cet âge. Il en est dont la croissance lente ne les met pas à l'abri de la dent du bétail avant l'âge de huit à dix ans. Les recrus de futaie devraient être mis en *défends*, c'est-à-dire interdits aux bestiaux pendant un grand nombre d'années, parce qu'après la coupe il n'y a que les jeunes souches qui repoussent ; les vieux troncs ne donnent des rejets que long-tems après, et souvent la coupe ne se repeuple de bonnes essences, dont la végétation est très-lente, que lorsque les bois blancs et les arbrisseaux se sont emparés du terrain.

A quelque âge que soit parvenu un taillis, il faut éviter de le déclarer défensable, s'il renferme des clairières, ou s'il y a été coupé, en jardinant, un grand nombre d'arbres ; les bestiaux y dévoreraient les jeunes plants des clai-

---

(1) Ordonnance de 1669, tit. XXV, art. 13.

rières et les rejets survenus après la coupe, soit des chablis, soit des arbres de délits, soit des arbres jardinés.

Les chevaux, après avoir goûté quelques bourgeons des taillis, les abandonnent pour pâturer l'herbe, tandis que les bêtes à cornes n'ont recours aux herbages que lorsque les feuillages des bois sont trop élevés pour qu'elles puissent les attaquer ; encore ces animaux ont-ils l'adresse d'employer leurs cornes pour courber les branches, afin de les dépouiller facilement ; et je puis assurer que souvent j'ai vu, dans les forêts, plusieurs vaches se rendre mutuellement ce service.

Il faut conclure de ces faits, que les taillis peuvent être déclarés défensables pour les chevaux avec moins d'inconvénient et beaucoup plutôt que pour les bêtes à grosses cornes.

Mais ce n'est que sur la fin de juin que les uns et les autres de ces animaux doivent être introduits dans les quartiers défensables ; avant cette époque, le brou tendre et frais a pour pour eux plus d'appât que les herbages ; on en est si persuadé, que l'on appelle ordinairement mois de *défends* celui qui s'écoule depuis le 15 mai jusqu'au 15 juin.

Quant aux forêts de bois résineux et qui s'exploitent en jardinant, les bestiaux ne devraient jamais y être introduits, puisqu'elles renferment en tout tems des plants de tous les âges. Je conviens que les bestiaux ne sont pas aussi avides de jeunes sapins que des autres essences; mais il suffit qu'un troupeau soit introduit dans une sapinière, pour qu'elle souffre beaucoup par le parcours des animaux qui la parcourent.

Les officiers ne doivent jamais perdre de vue ces observations; elles sont de nature à les convaincre que, quels que soient les essences et l'âge des forêts, les bestiaux y entrent rarement sans y porter préjudice, et qu'ils ne doivent proposer de déclarer défensables que les parties les plus indispensables aux besoins des usagers.

Mais ce n'est point assez de faire les désignations de ces parties; il faut prendre des mesures pour que les bergers ne conduisent point leurs troupeaux dans les quartiers en défends, et ne les laissent point divaguer soit en allant au pâturage soit en en revenant. Les ordonnances y ont sagement pourvu, en exigeant qu'il soit remis aux officiers un rôle des bestiaux appartenant aux usagers; que ces bestiaux aient des clochettes au cou; qu'ils soient distingués par une même marque, dont l'empreinte est remise dans un dépôt public; qu'ils soient assemblés chaque jour en un même lieu, pour être conduits, en suivant les mêmes chemins, par des pâtres ou gardes choisis par la municipalité; et que ces chemins, lorsqu'il est jugé nécessaire, soient bordés de fossés faits et entretenus aux frais des usagers (1).

Panage.

L'exercice du droit de panage, soit qu'il consiste dans le glandage pour les forêts de chêne, ou dans la paisson de faîne pour les forêts de hêtre, est soumis aux règles concernant le droit de pâturage telles que nous venons de les exposer (2).

Mais, outre que le panage ne peut avoir lieu que dans les quartiers déclarés défensables (3), il faut observer d'interdire aux porcs l'entrée

______

(1) Ordonnance de 1669, tit. XIX, art. 1, 3, 6, 7, 8, 9 et 12.

(2) *Ibid.*, art. 5, 13 et 14.

(3) *Ibid.*, art. 1.

des parties sur lesquelles doivent être assises les coupes de l'année et de l'année suivante, pour ne pas priver ces parties de moyens de reproduction (1), à moins que les glands ou faînes ne soient en très-grande abondance : dans ce dernier cas, il n'est pas à craindre que les porcs en mangent la totalité; et ces animaux enterrant les semences avec leurs pieds et leur museau, en facilitent la germination.

Au reste, comme ce n'est que vers l'âge de soixante ans que le hêtre commence à porter de la faîne, il faut bien se donner de garde d'ouvrir au panage les quartiers dont le bois n'est pas parvenu à cet âge ; cela n'aboutirait qu'à fournir aux usagers la facilité d'y faire des dégâts.

Le nombre d'animaux que les usagers peuvent mener au panage doit être fixé, par les officiers, suivant l'étendue des quartiers défensables et l'abondance des glands et des faînes. On dresse en conséquence un état de ces animaux, qui doivent être marqués au feu, d'une marque dont l'original est déposé au greffe (2).

---

(1) Circulaire du 6 vendémiaire an X , n° 36.
(2) Ordonnance de 1669, tit. XVIII, art. 1, 2 et 3.

Les usagers ne peuvent abattre les glands, faînes, ni autres fruits des arbres ; ils ne peuvent amasser et emporter ceux qui sont tombés , sous quelque prétexte que ce soit (1).

---

(1) Ordonnance de 1669 , tit. XXVII, art. 27.

CHAPITRE XIV.

De l'adjudication des Glandées et Paissons.

Les glands et les faînes qui tombent des chênes et des hêtres, doivent être laissés dans les forêts pour leur repeuplement, lorsqu'ils sont en petite quantité ; mais, dans les années d'abondance, les officiers doivent examiner quel est le nombre de porcs qui peuvent être menés dans les forêts pour manger ces sortes de fruits, et ils en dressent procès-verbal (1).

L'adjudication des glandées et paissons se fait dans les formes usitées pour les ventes de bois (2).

Le procès-verbal d'adjudication porte le nombre de porcs qu'il sera permis à l'adjudicataire d'introduire dans les forêts (3).

____

(1) Ordonnance de 1669, tit. XVIII, art. 1.
(2) *Ibid.*, art. 2.
(3) *Ibid.*, art. 3.

Lorsqu'il y a des usagers dans la forêt dont on adjuge les glandées et paissons, le cahier des charges doit fixer le nombre de porcs appartenant à ces usagers, qui pourront être mis en panage concurremment avec ceux de l'adjudicataire (1).

Les usagers ni l'adjudicataire ne peuvent y mettre leurs porcs en plus grand nombre que celui compris dans l'adjudication, sous les peines portées par la loi (2).

Les porcs appartenant à l'adjudicataire, ainsi que ceux des usagers, doivent être marqués au feu. L'original de la marque doit être déposé au greffe de l'inspecteur (3).

La glandée n'est ouverte que depuis le 1er octobre jusqu'au 1er février (4).

---

(1) Ordonnance de 1669, tit. XVIII, art. 1 et 2.
(2) *Ibid.*, art. 3.
(3) *Ibid.*
(4) *Ibid.*

CHAPITRE XV.

Des Mines, des Usines et des Affectations.

Il est important de favoriser l'industrie et d'autoriser les établissemens qui exigent une grande consommation de combustible dans les pays pauvres, et dans ceux qui possèdent de grandes forêts manquant de débouchés; mais l'intérêt public s'oppose à ce que ces établissemens trop multipliés ne consomment les bois qui sont nécessaires aux premiers besoins. C'est d'après ce principe que le Gouvernement s'est réservé le droit de prononcer sur l'ouverture des mines, l'établissement ou la maintenue des usines, tels que les fourneaux, forges, martinets, verreries, tuileries, briqueteries, fours à chaux, et moulins à scie.

L'Autorité, avant de se prononcer dans les affaires auxquelles ces matières donnent naissance, se fait toujours représenter l'avis de l'administration forestière; il faut donc que ses employés connaissent les dispositions des lois qui y ont rapport. Nous allons les exposer ici.

Mines.

Les mines et minières, tant métalliques que non-métalliques, ainsi que les bitumes, charbons de terre ou de pierres, et pyrites, sont à la disposition du Gouvernement, en ce sens seulement que ces substances ne peuvent être exploitées que de son consentement et sous sa surveillance, à la charge d'indemniser, d'après les règles établies, les propriétaires de la surface s'il y a lieu.

Lorsqu'il s'agit de l'exploitation d'une mine métallique, tous demandeurs en concession ou permission sont tenus de justifier de leurs facultés, des moyens qu'ils emploieront pour assurer l'exploitation, et de quels combustibles ils prétendent se servir.

Toutes demandes en concession ou permission doivent être affichées, pour mettre à même les personnes intéressées de faire leurs observations ou former opposition s'il y a lieu.

Ces demandes sont ordinairement communiquées à l'administration forestière, qui donne son avis à raison du combustible dont il y est fait mention.

Les limites de chaque concession accordée doivent être tracées sur un plan levé aux frais des concessionnaires (1).

Usines.

Il est défendu d'établir aucune usine pour la fonte du minerai, sans y être autorisé par une permission accordée par un réglement d'administration publique (2).

La même défense est faite à l'égard des martinets, verreries, tuileries, briqueteries, fours à chaux, et de tous autres établissemens qui nécessitent une augmentation de feu (3).

Tout demandeur en permission d'établir un ou plusieurs fourneaux ou usines, adresse

---

(1) Ordonnance du mois de janvier 1518, et du mois d'avril 1588, art. 9. — Loi du 28 juillet 1791. — Loi du 21 avril 1810.

(2) Loi du 28 juillet 1791, tit. II , art. 2. — Loi du 21 avril 1810, § IV, art. 73.

(3) Arrêt du conseil, du 9 août 1723.—Instruction du ministre de l'intérieur, pour l'exécution de la loi relative aux mines, usines et salines.

sa pétition au préfet (1). Il y désigne le lieu où il prétend former son établissement, les moyens qu'il a de se procurer le minerai, et l'espèce de combustible dont il prétend se servir pour alimenter ses fourneaux (2).

Cette pétition est communiquée à l'administration des forêts, qui donne son avis sur l'établissement des bouches à feu, en ce qui concerne les bois (3).

Il est défendu de construire aucun moulin à scier du bois sans la permission expresse du Gouvernement (4).

Il est bon d'observer que les anciennes lois portaient les mêmes défenses dont nous venons de parler, à l'égard des établissemens à construire dans l'enclos, aux reins et à une demi-lieue des forêts domaniales, et sur les rivières flottables et navigables (5).

Le Gouvernement, en accordant la permission de construire une usine, impose aux impé-

(1) Loi du 21 avril 1810, § IV, art. 74.

(2) Loi du 28 juillet 1791, tit. II, art. 4.

(3) Loi du 21 avril 1810, § IV, art. 74.

(4) Arrêt du conseil, des 12 mars 1702, 27 septembre 1729 et 29 janvier 1750.

(5) Ordonnance de 1669, tit. XXVII, art. 18 et 43.

trans une taxe une fois payée, qui ne peut être au-dessous de 5o fr., ni au-dessus de 3oo fr.; il les soumet aussi quelquefois à certaines obligations, telle que celle de semer ou planter une certaine quantité de bois chaque année, ou de faire usage de la houille pour une quantité déterminée du combustible à employer dans l'exploitation.

Si quelques usines sont reconnues nuisibles soit aux besoins de la consommation, soit à la conservation des forêts, les officiers forestiers doivent faire obliger les propriétaires à représenter les titres en vertu desquels ils jouissent; et lorsque ces titres ne sont point reconnus valables, ou qu'ils n'ont point été représentés dans les délais fixés, les officiers doivent provoquer la démolition de ces établissemens.

Affectations.

Lorsque les bois étaient très-abondans en France, le Gouvernement, intéressé à favoriser l'industrie, affectait quelquefois au service d'une usine une certaine quotité de bois, à la charge par le maître de cette usine d'en payer un prix déterminé. C'était surtout dans les forêts qui manquaient de débouchés qu'a-

vaient lieu les affectations. Quoiqu'en général
le prix payé au Gouvernement soit peu pro-
portionné à la valeur des bois, il peut être
utile de maintenir quelques affectations ; d'autres appellent la réforme. Les officiers doivent
prendre connaissance de toutes celles qui
existent dans leurs arrondissemens respectifs,
et proposer de renvoyer les entrepreneurs à
s'approvisionner par les voies ordinaires du
commerce, lorsque l'intérêt de l'Etat l'exige,
et que l'industrie n'en doit pas souffrir de
préjudice (1).

____

(1) Instruction du 7 prairial an IX, § I, art. 8.

CHAPITRE XVI.

Des Etats à former du produit des divers objets relatifs aux Bois.

ON a vu dans les chapitres précédens, qu'in-dépendamment de la vente des coupes de bois, des chablis et des bois de délits, le Gouvernement retirait des forêts impériales divers autres produits, qui consistent principalement:

1° Dans les pâturages, paissons et glandées qui ont été adjugés;

2° Dans les coupes de bois affermées conjointement avec les usines, ou affectées à leur alimentation;

3° Dans les droits d'usages que l'Etat exerce sur quelques forêts;

4° Dans le prix des feuilles dont profitent les adjudicataires en retard d'exploiter dans le délai porté par le cahier des charges;

5° Dans le prix des sur-mesures, payé par les adjudicataires lorsque les coupes réarpentées se trouvent plus étendues qu'elles n'ont été annoncées par les affiches et le procès-verbal d'adjudication.

Le conservateur forme, à la fin de chaque exercice, un état de ces divers produits conforme au modèle n° XXXI, et en envoie un double à l'administration, en même tems qu'il lui adresse l'état général des ventes (1).

Dans la formation de cet état, il faut observer de porter, dans la colonne intitulée *Montant des sur-mesures*, toutes celles résultant des récolemens exécutés pendant l'année, lors même qu'ils auraient été opérés sur des coupes appartenant à des exercices antérieurs (2).

Il faut aussi, comme l'indique le modèle, porter le montant des *moins-mesures* qui se trouvent quelquefois dans les coupes, et le défalquer du prix des *sur-mesures*, pour avoir un produit net (3).

---

(1) Ordonnance de 1669, tit. IV, art. 10. — Intruction du 7 prairial an IX, § I, art. 27.

(2) Circulaire du 6 vendémiaire an XIII, n° 237.

(3) Instruction du 7 prairial an IX, § I, art. 27.

CHAPITRE XVII.

De l'Aliénabilité de certains Bois, et des terrains dépendans des Foréts.

LES forêts, bois et buissons, dépendans du domaine de la couronne, furent déclarés inaliénables par l'article 9 de l'ordonnance de Moulins, du mois de février 1566, rappelé dans l'article 1er du titre XXVII de l'ordonnance de 1669.

En conséquence de cette loi, sont exemptes de toutes recherches et confirmées en tant que de besoin, toutes ventes et aliénations, pures et simples, sous clause de rachat, même les inféodations, dons et concessions à titre gratuit sans clause de reversion, dont la date est antérieure à ladite ordonnance de 1566 (1) ; au lieu que

____

(1) Loi du 1er décembre 1790, art. 14. — Loi du 10 frimaire an II, art. 1er. — Loi du 14 ventose an VII, art. 1er.

les aliénations, même celles qui ne contiennent aucune clause de retour ou de rachat, faites et consommées dans l'ancien territoire de la France, postérieurement à l'édit de février 1566, et dans les pays réunis, postérieurement aux époques respectives de leur réunion, sans autorisation des Assemblées Nationales, sont et demeurent révoquées à quelques exemptions près portées par la loi (1).

Dans les premières crises de la révolution, l'Assemblée Nationale ordonna la vente des domaines nationaux, mais en excepta les grandes masses de bois, et permit de vendre les boqueteaux, les parties de bois nationaux éparses, absolument isolées et éloignées de mille toises des autres bois d'une grande étendue, qui ne pourraient pas supporter les frais de garde, et qui ne seraient pas nécessaires pour garantir les bords des fleuves, torrens et rivières, pourvu qu'ils n'excédassent point la contenance de cent arpens, mesure de l'ordonnance (2).

Les besoins de l'Etat s'étant accrus, le Corps

---

(1) Loi du 10 frimaire an II, art. 1ᵉʳ. — Loi du 14 ventose an VII, art. 4.

(2) Loi du 25 août 1790, art. 2.

Législatif autorisa la vente des bois dépendans
des domaines nationaux, d'une contenance
moindre de quinze mille ares, séparés et éloignés des autres bois et forêts d'un kilomètre
au moins (1).

L'administration générale des forêts fut en
conséquence chargée de faire dresser, par conservation, l'état des bois et forêts non aliénables qui se trouvaient alors sous la main du
Gouvernement (2).

On ne peut donner aucune main-levée des
séquestres qui ont pu être posés sur les forêts
comprises dans cet état (3).

Les individus qui, à quelque titre que ce
soit, auraient des réclamations à former ou
des droits à faire valoir pour raison de ces
bois et forêts, doivent être indemnisés s'il y a
lieu (4).

Lorsqu'il est question d'aliéner un bois qui
est possédé par le Gouvernement, ou quelque
terrain en dépendant, les officiers forestiers

---

(1) Loi du 2 nivose an IV.

(2) Loi du 24 thermidor an IX, art. 1er.

(3) *Ibid.*, art. 2.

(4) *Ibid.*, art. 3.

doivent être consultés par les préfets (1), ensuite du rapport fait par les directeurs des domaines.

Quant aux ventes qui ont été faites, si elles ont été consommées dans les formes prescrites par les lois, elles doivent être maintenues, quelle que soit la nature des bois qui en sont l'objet (2).

Lorsque la vente d'un bois est attaquée comme n'ayant pas été consommée dans les formes légales, le bois est mis sous la surveillance de l'administration ; l'acquéreur ne peut y faire aucune coupe, exploitation, défrichement ou toute autre entreprise au-delà des coupes ordinaires, avant la confirmation définitive de l'acquisition (3).

La main-levée des séquestres posés sur des bois aliénables ne peut être prononcée que sur la demande expresse qui en est faite, et ensuite de l'avis des officiers forestiers (4).

---

(1) Circulaires du ministre des finances, des 19 fructidor an VI, et 23 nivose an XI. — Décision du ministre des finances, rappelée dans une circulaire du 21 juillet 1810, n° 419.

(2) Circulaire du 1ᵉʳ nivose an XII, n° 183.

(3) Arrêté des consuls, du 29 ventose an X.

(4) Décision du ministre des finances, rapportée dans une circulaire du 28 floréal an X, n° 91.

Cet avis a pour objet de savoir si le bois, dont la vente est proposée, ou la levée du séquestre demandée, est aliénable; c'est-à-dire s'il est d'une contenance moindre de quinze mille ares, et s'il est séparé et éloigné des autres bois et forêts, d'un kilomètre au moins.

Les officiers ne doivent pas perdre de vue; 1° que les bois provenant de différens individus qui se trouvent former un massif de cent cinquante hectares ou plus, ne peuvent pas être considérés comme faisant plusieurs parties, et qu'ils doivent être maintenus sous le séquestre (1); 2° relativement aux séparations, une route nationale, un chemin vicinal, des fossés, des bruyères, ne peuvent pas généralement être censés opérer une solution de contenance. Il faut des séparations bien marquées, telles que des rivières, ruisseaux, étangs, ou propriétés d'une autre nature que des bois. En résultat, le point de la décision doit être, qu'on ne peut considérer comme séparés que les bois entre lesquels il se rencontre un obstacle tel, qu'il ne

---

(1) Décision du ministre des finances, du 22 pluviose an **XI**, rapportée dans une circulaire du 29 du même mois, n° 128.

permette pas à un même homme de faire facilement la garde des uns et des autres (1).

Les arrêtés de main-levée de séquestre portent ordinairement la clause, que les bois qui en sont l'objet continueront d'être soumis à la surveillance de l'administration forestière. Il résulte de là, qu'il ne peut être rien changé à leur aménagement sans autorisation préalable; qu'il doit être fait sur leurs coupes les mêmes réserves que sur les bois impériaux ; que les officiers des forêts peuvent et doivent s'assurer de l'étendue de ces bois et de l'état de leurs coupes , se faire rendre compte de la conduite des gardes, et les destituer s'il s'y commettait des entreprises, et qu'ils ne les dénonçassent pas (2).

---

(1) Circulaire du 29 prairial an **XI**, n° 128.
(2) Circulaire du 30 prairial an **XII** , n° 213.

CHAPITRE XVIII.

Des Chasses dans les Foréts et Bois du Domaine de l'Empire.

Ayant fait connaître, dans le *Traité des délits, des peines et des procédures en matière d'eaux et foréts,* les dispositions des lois pénales relatives à la chasse, nous nous bornerons à transcrire ici le réglement donné, sur cette matière, par S. Exc. le grand-veneur de la couronne, le 1er frimaire an XIII.

Dispositions générales.

Article I. « Tout ce qui a rapport à la police des chasses est dans les attributions du grand-veneur de la couronne, conformément au décret impérial du 8 fructidor an XII.

Article II. » Le grand-veneur donne ses ordres aux conservateurs forestiers pour tous les objets relatifs aux chasses; il en prévient en même tems l'administration générale des forêts.

Article III. » Il est défendu à qui que ce soit de prendre ou de tuer, dans les forêts et bois impériaux, les cerfs et les biches.

Article IV. »Les conservateurs, inspecteurs, sous-inspecteurs, et gardes forestiers sont spécialement chargés de la conservation des chasses, sous les ordres du grand-veneur, sans que ce service puisse les détourner de leurs fonctions de conservateurs des forêts et bois impériaux. Tout ce qui a rapport à l'administration de ces bois et forêts reste sous la surveillance directe de l'administration forestière, et dans les attributions du ministre des finances.

Article V. » Les permissions de chasse ne seront accordées que par le grand-veneur; elles seront signées de lui, enregistrées au secrétariat général de la venerie, et visées par le conservateur dans l'arrondissement duquel ces permissions auront été accordées.

» Le conservateur enverra au préfet et au commandant de la gendarmerie, le nom de l'individu dont il aura visé la permission.

» Les demandes de permissions seront adressées, soit au grand-veneur, soit aux conservateurs, qui les lui feront parvenir. Ces permissions ne seront accordées que pour la saison des chasses, et seront renouvelées chaque année, s'il y a lieu.

Article. VI. » Il sera accordé deux espèces de permissions de chasse : celle de chasse à tir et celle de chasse à courre.

Article VII. » Tous les individus qui auront obtenu des permissions de chasse, sont invités à employer ces permissions à la destruction des animaux nuisibles, comme les loups, les renards, les blaireaux, etc.; ils feront connaître au conservateur des forêts le nombre de ces animaux qu'ils auront détruits, en lui envoyant la patte droite. Par-là ils acquerront des droits à de nouvelles permissions, l'intention du grand-veneur étant de faire contribuer le plaisir de la chasse à la prospérité de l'agriculture et à l'avantage général.

Article VIII. » Les conservateurs et inspecteurs forestiers et les conservateurs des chasses veilleront à ce que les lois et réglemens sur la police des chasses, et notamment le décret du 3o avril 1790, soient ponctuellement exécutés. Ceux qui chasseront sans permission, seront poursuivis conformément aux dispositions de ce décret. »

Chasse à tir.

Article I. » Les permissions de chasse à

tir commenceront pour les forêts impériales, le 1er vendémiaire, et seront fermées le 15 ventose.

Article II. » Ces permissions ne pourront s'étendre à d'autre gibier qu'à celui dont elles contiendront la désignation.

Article III. » L'individu qui aura obtenu une permission de chasse ne doit se servir que des chiens couchans et du fusil.

Article IV. » Les battues ou traques, les chiens courans, les levriers, les furets, les lacets, les panneaux, les pièges de toute espèce, et enfin tout ce qui tendrait à détruire le gibier par d'autres moyens que celui du fusil est défendu.

Article V. » Les gardes forestiers redoubleront de soins et de vigilance dans le tems des pontes, et dans celui où les bêtes fauves mettront bas leurs faons. »

Chasse à Courre.

Article I. » Les permissions de chasse à courre seront accordées de la manière mentionnée à l'article V des dispositions générales.

Article II. » Elles seront données de préférence aux individus que leur goût et leur forlune peuvent mettre à même d'avoir des équipages, et de contribuer à la destruction des loups, des renards et blaireaux, en remplissant l'objet de leurs plaisirs.

Article III. » Les chasses à courre, dans les forêts et dans les bois impériaux, seront ouvertes le 1er vendemiaire et seront fermées le 1er floréal.

Article IV. » Les individus auxquels il aura été accordé des permissions pour la chasse à courre, obtiendront des droits au renouvellement de ces permissions en prouvant qu'ils ont travaillé à la destruction des renards, loups, blaireaux et autres animaux nuisibles; ce qu'ils feront constater par les conservateurs forestiers.

Forêts et Bois dont la conservation est particulièrement donnée d'après l'autorisation de l'Empereur.

Article I. » Ceux auxquels le grand-veneur donnera la conservation des chasses d'un bois ou d'une forêt, auront la surveillance supérieure des chasses sous ses ordres.

Article II. » Cette conservation des chasses ne leur donne aucune espèce de droit sur tout ce qui tient à la police et à l'administration de ces bois et forêts ; ils ne peuvent détourner de leurs fonctions les conservateurs, inspecteurs, sous-inspecteurs, et gardes forestiers ; mais ils pourront se concerter avec le conservateur pour concilier le service des chasses avec le service forestier.

Article III. » Celui qui a obtenu une conservation dans les chasses, a le droit d'y chasser avec les personnes qui l'accompagnent. Quant aux permissions particulières, la demande en sera adressée au conservateur des chasses, qui, s'il est de l'opinion de l'accorder, la soumettra à l'approbation du grand-veneur, en se conformant au surplus aux dispositions de l'article V du titre relatif à la chasse à tir.

Article IV. » Le conservateur des chasses a le droit de chasser toute l'année avec les ménagemens qu'exige la conservation des animaux, soit dans le tems où ils mettent bas, soit dans le tems des pontes.

Article V. Ces conservateurs sont spécialement chargés de la destruction des animaux nuisibles, tels que les loups, blaireaux, renards, etc.

Article VI. » Ils veilleront à ce que les dispositions des réglemens sur les chasses soient exactement observées par ceux qui auraient

obtenu des permissions de chasses dans les forêts de leur conservation.

Article VII. » Les ordres que le grand-veneur sera dans le cas d'adresser aux conservateurs forestiers, pour le service des chasses,
leur seront transmis par le conservateur des
chasses.

Article VIII. » Ces conservations de chasses
seront données pour une année seulement, et
renouvelées s'il y a lieu.

Article IX. » Le présent réglement sera
transmis à l'administration générale des eaux
et forêts. »

CHAPITRE XIX.

De la Louveterie.

LA louvèterie est dans les attributions du grand-veneur (1).

Le grand-veneur donne des commissions honorifiques de capitaine général, de capitaine et de lieutenant de louveterie, dont il détermine les fonctions et le nombre par conservation forestière et par département, dans la proportion des bois qui s'y trouvent et des loups qui les fréquentent.

Ces commissions sont renouvelées tous les ans (2).

Les dispositions qui peuvent être faites par suite des différens arrêtés concernant les animaux nuisibles appartiennent à ses attributions (3).

______

(1) Décret impérial du 8 fructidor an XII.
(2) Attributions des grands officiers de la couronne, art. 16.
(3) *Ibid*, art. 18.

Les conservateurs, les inspecteurs, sous-inspecteurs et gardes forestiers reçoivent les ordres du grand-veneur pour tout ce qui a rapport à la louveterie (1).

En conséquence des lois dont les dispositions viennent d'être rappelées, le grand-veneur de la couronne a publié, le 1er germinal an 13, un réglement sous le titre d'*Organisation de la Louveterie*, dont suit la teneur:

« Les capitaines et lieutenans de louveterie reçoivent les instructions et les ordres du grand-veneur pour tout ce qui concerne la chasse des loups.

» Ils sont tenus d'entretenir, à leurs frais, un équipage de chasse, composé au moins d'un piqueur, deux valets de limiers, un valet de chiens, dix chiens courans, et quatre limiers.

» Ils seront tenus de se procurer les pièges nécessaires pour la destruction des loups, renards et autres animaux nuisibles, dans la proportion des besoins.

» Dans les endroits que fréquentent les

______

(1) Décret impérial du 8 fructidor an XII, art. 3.

4.

loups, le travail principal de leur équipage doit être de les détourner, d'entourer les enceintes avec les gardes forestiers, et de les faire tirer au lancé, ou découplé, si cela est jugé nécessaire ; car on ne peut jamais penser à détruire les loups en les forçant : au surplus ils doivent présenter toutes leurs idées pour parvenir à la destruction de ces animaux.

» Dans le tems où la chasse à courre n'est plus permise, ils doivent particulièrement s'occuper à faire tendre des pièges avec les précautions d'usage, faire détourner les loups, et après avoir entouré les enceintes des gardes, les attaquer à traits de limiers, sans se servir de l'équipage qu'il est défendu de découpler ; enfin faire rechercher avec grand soin les portées de louves.

» Ils feront connaître ceux qui auront découvert les portées de louveteaux. Il sera accordé pour chaque louveteau une gratification, qui sera double si on parvient à tuer la louve.

» Quand les capitaines, les lieutenans de -louveterie, ou les conservateurs des forêts, jugeront qu'il serait utile de faire des battues, ils en feront la demande au préfet, qui pourra lui-même provoquer cette mesure. Ces chasses seront alors ordonnées par le préfet, commandées et dirigées par le capitaine et par les lieutenans de louveterie, qui, de concert avec lui et le conservateur, fixeront le jour, détermineront les lieux et le nombre d'hommes. Le préfet en préviendra le ministre de l'intérieur, et le capitaine de louveterie le grand-veneur.

» Tous les habitans sont invités à tuer les loups sur leurs propriétés; ils enverront les certificats aux capitaines ou lieutenans de louveterie de la conservation forestière, lesquels les feront passer au grand-veneur, qui fera un rapport au ministre de l'intérieur à l'effet de faire accorder des récompenses.

» Les capitaines et lieutenans de louveterie feront connaître journellement les loups tués dans leur arrondissement, et tous les ans enverront un état général des prises.

» Tous les trois mois ils feront parvenir au grand-veneur un état des loups présumés fréquenter les forêts soumises à leur surveillance.

» Les préfets sont invités à envoyer les

mêmes états, d'après les renseignemens particuliers qu'ils pourraient avoir.

» Attendu que la chasse du loup, qui doit occuper principalement les capitaines et lieutenans de louveterie, ne fournit pas toujours l'occasion de tenir les chiens en haleine, ils ont le droit de chasser à courre deux fois par mois, dans les forêts impériales faisant partie de leur arrondissement, le chevreuil-brocard, le sanglier ou le lièvre, suivant les localités. Sont exceptés les forêts et les bois du domaine impérial de leur arrondissement, dont la chasse est particulièrement donnée par l'empereur aux princes ou à toute autre personne.

» Il leur est expressément défendu de tirer sur le chevreuil et le lièvre; le sanglier est excepté de cette disposition dans le cas seulement où il tiendrait aux chiens.

» Ils seront tenus de faire connaître, chaque mois, le nombre d'animaux qu'ils auront forcés.

» Les commissions de capitaine et de lieutenant de louveterie seront renouvelées tous les ans; elles seront retirées dans le cas où les

capitaines et lieutenans n'auraient pas justifié
de la destruction des loups.

» Tous les ans, au 25 mai, il sera fait, sur
le nombre des loups tués dans l'année, un rapport général qui sera mis sous les yeux de
l'Empereur. »

CHAPITRE XX.

De la Pêche dans les Fleuves, Rivières et Ruisseaux.

Les droits exclusifs de la pêche ont été considérés comme droits féodaux, et abolis par les articles 2 et 5 du décret du 25 août 1792, et par les décrets interprétatifs des 6 et 30 juillet 1795.

L'abolition de ces droits est irrévocable à l'égard des particuliers qui en jouissaient, soit patrimonialement, soit à titre d'engagistes ou échangistes, de quelque nature que soient les titres sur lesquels leurs réclamations puissent être fondées (1).

Les particuliers qui jouissaient de ces droits ont seulement été autorisés à enlever les maté-

____

(1) Avis du conseil d'état, approuvé par Sa Majesté l'Empereur, rapporté dans une circulaire du 17 fructidor an XII, n° 228.

riaux en bois qui avaient servi à l'établissement des gords-pêcheries ou dideaux établis sur les rivières, lorsque ces enlèvemens ont pu être effectués sans dégradation (1).

Mais les cours d'eaux, ainsi dégagés des droits exclusifs, ne devaient point être abandonnés à la cupidité des pêcheurs ; une multitude d'hommes, que réclament les besoins de l'agriculture, eussent préféré à un travail utile, le métier de maraudeur, et les rivières appauvries eussent cessé de fournir à la consommation un comestible agréable et sain : c'est pour prévenir ces inconvéniens que la police, la surveillance et la conservation de la pêche ont été confiées aux officiers et préposés de l'administration forestière (2).

Pour déterminer quelle est, à cet égard, la nature de leurs fonctions, il faut d'abord considérer que les cours d'eaux sont de deux espèces, savoir :

1° Les fleuves et les rivières navigables, à partir du point où leur cours est navigable de leur propre fonds, mais sans interruption,

____

(1) Décision du ministre des finances, contenue dans une circulaire du 27 vendémiaire an XIII, n° 241.

(2) Loi du 14 floréal an X, tit. V, art. 17.

jusqu'au point où ils contractent a salure de
la mer (1);

2° Les ruisseaux et les rivières, même celles
qui sont propres au flottage, soit à grands
trains, soit à bûches perdues (2).

Fleuves et Rivières navigables.

Depuis le 1ᵉʳ vendémiaire an 11, nul ne
peut pêcher dans les fleuves et rivières navigables, s'il n'est muni d'une licence, ou s'il
n'est adjudicataire de la ferme de la pêche (3).

Les fleuves et rivières navigables ont été
divisés par cantonnement dans chaque conservation, et il en a été formé des états
qui ont été soumis à l'approbation du Gouvernement (4).

Il a été accordé des licences sur quelques
cantonnemens; les autres ont été affermés.

On entend par licence, la permission que

---

(1) Circulaire du 23 août 1806, n° 336.

(2) Avis du conseil d'état, approuvé par S. M. l'Empereur, le 30 pluviose an XIII. — Circulaire du 19
vendémiaire an XIV, n° 285.

(3) Loi du 14 floréal an X, tit. V, art. 12.

(4) Circulaire du 28 pluviose an X, n° 96.

donne le gouvernement à un particulier de pêcher sur une partie de rivière navigable, moyennant une somme payée annuellement aux receveurs des domaines.

Les licences s'appliquent particulièrement à d'étroites parties de rivières, ou à celles situées auprès des jardins ou maisons d'agrément, lorsque les propriétaires veulent se faire un amusement de la pêche (1).

Le conservateur fait afficher les cantonnemens auxquels le mode de licence est applicable, et annonce qu'il recevra toutes les offres et soumissions qui lui seront faites à raison de ces cantonnemens. A mesure que ces offres, qui doivent être écrites sur papier timbré et signées, sont parvenues au conservateur, il les transmet à l'administration avec ses observations, qui doivent être basées sur la moralité et la solvabilité des soumissionnaires, et sur les notions qu'il s'est procurées relativement à la valeur des cantonnemens. L'administration, après en avoir référé au ministre des finances, expédie, d'après ses ordres, les permissions nécessaires (2).

---

(1) Circulaire du 28 prairial an X , n° 96.
(2) *Ibid.*

Les porteurs de licence ne peuvent jouir de la pêche, qu'après avoir fait inscrire leur licence au secrétariat de la préfecture, ou sur les registres de la sous-préfecture dans le ressort de laquelle se trouve le cantonnement concédé (1).

L'administration est autorisée à recevoir et admettre les soumissions pour obtenir des licences de pêche, qui lui sont faites par les agens forestiers, et seulement pour les cantonnemens établis sur les rivières, aux bords desquelles ces mêmes agens ont des propriétés (2).

Quant aux cantonnemens auxquels le mode de licence ne peut être appliqué, ils doivent être affermés ainsi qu'on l'a déjà dit.

Les gords et pêcheries établis sous les arches des ponts ou dans le lit des rivières, peuvent faire partie des baux à ferme, lorsqu'il a été reconnu par les officiers des eaux et forêts, de concert avec les ingénieurs des ponts et

---

(1) Décision du ministre des finances, rapportée dans une circulaire du 22 thermidor an XII, n° 223.

(2) Décision du ministre des finances, du 30 prairial an XII, rapportée dans une circulaire du 7 thermidor suivant, n° 217.

chaussées , que ces établissemens n'étaient point nuisibles à la navigation (1).

Les baux actuellement existans ont été passés pour six ans; ils expireront, ainsi que les licences, au 31 décembre 1812, époque à laquelle il devra être procédé à des nouvelles adjudications.

Ces adjudications sont annoncées par des affiches précédées d'une estimation et du dépôt d'un cahier des charges ; elles se font dans les mêmes formes et devant les mêmes autorités que celles des coupes de bois (2). Ainsi tout ce qui a dit ci-dessus au chapitre IX, même pour ce qui concerne les tiercemens et demi-tiercemens (3), est applicable aux adjudications de la pêche, sauf les exceptions et modifications suivantes :

1º Les adjudicataires de la pêche ne sont point tenus de payer le décime pour franc du prix de l'adjudication (4).

---

(1) Circulaire du 13 vendémiaire an XIII, n° 238.

(2) Circulaire du 3 frimaire an XII, n° 18.

(3) Circulaire du 18 ventose an XII, n° 197.

(4) Lettre de M. le conseiller d'état directeur général de l'administration , du 8 novembre 1806, n° 7351.

(62)

2° Ce prix est payable en quatre termes, dont le premier échoit le premier jour du trimestre qui suit immédiatement celui de l'adjudication ; les autres termes sont fixés de trois en trois mois (1).

3° Il doit être fourni, dans le mois, quatre expéditions et deux extraits du procès-verbal d'adjudication ; savoir :

Un extrait au préfet, quand la vente n'a pas été faite au chef-lieu de la préfecture ; un autre au directeur des domaines : deux expéditions au conservateur, qui est chargé d'en envoyer une à l'administration générale des forêts ; une troisième à l'inspecteur local ; et la quatrième à l'adjudicataire.

La troisième et la quatrième doivent être remises dans les vingt-quatre heures.

Chaque extrait est payé 50 cent., et chaque expédition 1 fr. 50 cent., et les frais sont répartis au marc le franc de toutes les adjudications qui ont eu lieu dans la même séance (2).

4° Les fermiers de la pêche ne peuvent avoir plus de huit associés. Ils ne peuvent

----

(1) Cahier des charges générales de l'adjudication de la pêche, arrêté pour l'an XIII, § I, art. 5.

(2) *Ibid.*, art. 7.

céder leur bail qu'à des particuliers qui seront agréés par le conservateur de l'arrondissement, et dont ils sont responsables (1).

Indépendamment de l'état général qui se forme des produits annuels de la pêche, immédiatement après le renouvellement périodique des baux à ferme et des licences, le conservateur fournit, chaque année, un état des produits de l'exercice, et fait connaître les dispositions particulières et locales qui ont occasionné dans son arrondissement soit l'augmentation, soit la diminution de cette branche de revenu (2).

Rivières non navigables et Ruisseaux.

La loi du 14 floréal an 11 n'ayant disposé de la pêche que dans les fleuves et rivières navigables, on ignorait si celle des autres rivières et des ruisseaux devait appartenir aux communes ou aux propriétaires riverains.

Le Conseil d'État, consulté sur cette ques-

____

(1) Cahier des charges générales de l'adjudication de la pêche, arrêté pour l'an XIII, § I, art. 14.

(2) Lettre de M. le conseiller d'état directeur général de l'administration des eaux et forêts, du 27 mai 1807, n° 8389.

tion, a considéré : 1° que la pêche des rivières non navigables faisait partie des droits féodaux, puisqu'elle était réservée en France soit au seigneur haut-justicier, soit au seigneur du fief; 2° que l'abolition de la féodalité a été faite non au profit des communes, mais bien au profit des vassaux, qui sont devenus libres dans leurs personnes et dans leurs propriétés; 3° que les propriétaires riverains sont exposés à tous les inconvéniens attachés au voisinage des rivières non navigables (dont les lois d'ailleurs n'ont pas réservé des avant-bords destinés aux usages publics); que les lois et arrêtés du Gouvernement les assujettissent à la dépense du curage et à l'entretien de ces rivières, et que, dans les principes de l'équité naturelle, celui qui supporte les charges doit aussi jouir des bénéfices; 4° enfin que le droit de pêche des rivières non navigables accordé aux communes serait une servitude pour les propriétés, et que cette servitude n'existe point au Code civil.

D'après ces considérations, le Conseil d'État a été d'avis que la pêche des rivières non navigables ne peut, dans aucun cas, appartenir aux communes; que les propriétaires riverains doivent en jouir, sans pouvoir cependant exercer ce droit qu'en se conformant aux lois générales ou réglemens locaux concernant la pêche; ni le conserver, lorsque, par suite, une rivière aujourd'hui réputée non navigable deviendra navigable, et qu'en conséquence tous les actes de l'autorité administrative qui auraient mis des communes en possession de ce droit doivent être déclarés nuls.

En vertu de cet avis, qui a été approuvé par S. M. l'empereur le 30 pluviose an 13, les particuliers peuvent pêcher sur les parties des rivières non navigables et des ruisseaux auxquels aboutissent leurs propriétés; mais ils doivent se conformer en tout point, sous la surveillance des officiers forestiers (1), aux lois et réglemens rendus sur l'exercice de la pêche.

L'avis du Conseil d'Etat qui vient d'être rapporté n'exclut pas les communes du droit de pêcher sur les rivières non-navigables et ruisseaux auxquels aboutissent leurs bois, pâtis ou autres propriétés communales; mais ce droit ne peut être exercé par les habitans; il doit

______

(1) Circulaire du 18 vendémiaire an XIV, n° 285.

11.   5

être affermé au profit des communes. Il en est de même du droit de pêcher dans les étangs, fossés, marais, et pêcheries à elles appartenant (1).

Exploitation de la Pêche.

Les fermiers, porteurs de licence et propriétaires riverains, ne peuvent exercer leurs droits sur les fleuves, rivières et ruisseaux, qu'en se conformant aux articles 5, 6, 7, 8, 9, 10, 11, 12, 13, 14, et 18, du titre XXXI de l'ordonnance de 1669 (2), qui se trouvent transcrits dans le *Traité des délits, des peines et des procédures.*

Les filets et engins dont ils se servent doivent être scellés en plomb d'un sceau portant l'écusson des armes de l'Empire, et autour, la désignation et le n° de la conservation et de l'inspection où sont situés les cantonnemens de pêche. Lesdits fermiers ne peuvent se servir d'autres filets et engins (3).

---

(1) Ordonnance de 1669, tit. XVX, art. 17 et 18.

(2) Arrêté du directoire exécutif, du 28 messidor an VI.

(3) Ordonnance de 1669, tit. XXXI, art. 13. — Circulaire du 23 août 1806, n° 336. — Cahier des charges générales de la pêche, § II,, art. 25.

Les fermiers de la pêche peuvent établir des gardes-pêche, à la charge d'obtenir l'approbation du conservateur des forêts, et de les faire recevoir comme les gardes forestiers (1).

Ces gardes-pêche, ainsi que ceux qui peuvent être établis par les porteurs de licence et les propriétaires riverains, doivent être inscrits sur les registres de la conservation et surveillés par les officiers (2).

L'administration, de son côté, a établi dans chaque conservation des gardes-pêche chargés de veiller à l'exécution des réglemens (3).

---

(1) Loi du 14 floréal an X, tit. V, art. 18.
(2) Circulaire du 3 frimaire an XII, n° 180.
(3) Circulaire du 20 fructidor an XII, n° 230.

SECTION II.

DES BOIS APPARTENANT AUX COMMUNES, AUX HOSPICES ET AUTRES ÉTABLISSE-MENS PUBLICS.

CHAPITRE PREMIER.

Dispositions générales.

L'ORDONNANCE de 1669 ne chargeait que d'une manière fort indirecte les maîtrises des eaux et forêts de la surveillance des bois appartenant aux communes, aux hospices et autres établis-semens publics ; les officiers avaient la faculté d'y faire des visites pour connaître de la bonne ou mauvaise exploitation, et réprimer les dé-lits qu'ils pouvaient y reconnaître (1).

____

(1) Ordonnance de 1669, tit. XXIV, art. 12, et tit. XXV, art. 16.

Ils étaient chargés de procéder à l'adjudication des coupes ordinaires, lorsque la vente en avait été déterminée par le grand-maître, pour le plus grand avantage des communes (1); mais les juges des lieux procédaient à l'assiette de ces coupes et à leur récolement (2).

La loi du 29 septembre 1791 donna aux préposés de l'administration forestière une part plus active au régime de ces sortes de bois ; elle chargea les inspecteurs de procéder aux assiettes, balivages et martelages des coupes, ainsi qu'à leur récolement (3).

Mais l'arrêté des consuls, du 19 ventose an 10, a assuré la restauration et la conservation de ces bois, en les soumettant au même régime que les bois nationaux, et en en confiant l'administration, la garde et la surveillance aux mêmes agens.

Non-seulement les bois en massifs appartenant aux communes, aux hospices, aux églises (4) et autres établissemens publics, mais

---

(1) Ordonnance de 1669, tit. XXV, art. 12.

(2) *Ibid.*, art. 9 et 10.

(3) Loi du 29 septembre 1791, tit. XII, art. 9 et 14.

(4) Arrêt de la cour de cassation, du 5 avril 1811.

aussi les arbres épars sur les terrains communaux, les plantations sur les chemins de commune à commune (1), et celles qui se trouvent dans les cimetières (2) et autres lieux, sont soumis au même régime.

Il faut cependant en excepter les arbres d'alignement, des promenades publiques, dont la disposition est dans les attributions de MM. les préfets (3).

Les terrains en nature de bois, actuellement possédés par les communes, ne sont pas les seuls qui doivent être l'objet de la sollicitude des officiers forestiers.

Pendant la révolution, il est souvent arrivé que les habitans se sont partagé les bois qui appartenaient à la commune.

Ces partages ne peuvent être maintenus qu'autant qu'ils ont été précédés d'une visite des agens de l'administration forestière et des officiers municipaux; qu'il est résulté de cette

______

(1) Instruction du 7 prairial an IX, § III, art. 39.

(2) Décision du ministre des finances, rapportée dans une circulaire du 8 fructidor an XI, n° 161.

(3) Lettre de l'administration, du 3 brumaire an XIV, n° 6258.

visite , que les bois à partager n'étaient point d'un produit suffisant pour rester en cette nature ; et que les procès-verbaux qui l'ont constaté, ont été autorisés par le directoire du département sur l'avis de celui du district (1).

Lorsque les officiers forestiers découvrent que des bois communaux ont été partagés sans que ces formalités aient été observées , ils doivent en donner connaissance au préfet du département, qui provoque près de son conseil de préfecture l'annullation de tels partages.

Si des terrains vagues, dépendans des forêts communales , ont été usurpés et défrichés depuis la loi du 16 juin 1793 jusqu'à la loi du 9 ventose an 12 , il est aussi du devoir des officiers de les faire abandonner ; et pour y parvenir , ils doivent remettre à MM. les préfets des mémoires instructifs, pièces et documens qui prouvent l'usurpation, pour le tout être de même soumis au conseil de préfecture (2).

Il existe dans les bureaux de l'administration

____

(1) Loi du 10 juin 1793, § I , art. 4 et 7.

(2) Avis du conseil d'état, du 3 juin 1809, approuvé par S. M., le 18 du même mois.

et dans ceux des conservateurs, des sommiers des bois appartenant aux communes, aux hospices et autres établissemens publics. Ces sommiers formés en l'an 10, ne peuvent qu'être très-incomplets, attendu qu'à cette époque, les officiers forestiers n'avaient point une connaissance exacte des bois de cette nature, et que les communes cherchaient à en laisser ignorer l'existence, dans l'espoir de pouvoir en disposer à leur gré comme par le passé.

Mais tous ces bois sont maintenant connus de l'administration, au moyen de l'état statistique qui en a été demandé à chaque conservateur par M. le conseiller d'état directeur général (1).

Les titres et documens relatifs à ces bois ont été recueillis, inventoriés, et ils sont conservés de la même manière qu'il a été dit au chap. VI de la première Partie, concernant les forêts impériales.

Avant d'aller plus loin, on remarquera que les maires des communes sont autorisés à affermer le droit de chasser dans les bois commu-

____

(1) Circulaire du 15 octobre 1807, n° 365.

(73)

nanx, à la charge de faire approuver les conditions de la mise en ferme par le préfet et le
ministre de l'intérieur (1).

----

(1) Décret impérial du 25 prairial an XIII.

CHAPITRE II.

Des Abornemens, Arpentage et Levé des Plans.

———

L'ordonnance de 1669 voulait que tous les bois dépendans des communes, des hospices et autres établissemens publics, fussent arpentés, figurés et bornés dans l'espace de six mois.

Cette mesure n'a été exécutée que dans un certain nombre de forêts. Il y a des départemens, notamment dans le midi, dont plus des trois quarts des bois communaux n'ont jamais été abornés ni arpentés, et dont la contenance diminue chaque année par l'effet des anticipations et des défrichemens.

L'opération du cadastre parcellaire dont on s'occupe actuellement, fournit un moyen facile de procurer aux communes et à l'administration le plan des bois dont il s'agit.

Les officiers forestiers ne doivent pas perdre de vue, que la loi du 19 ventose an 10 soumettant les bois des communes à leur surveillance, ils doivent se donner les soins que nous avons indiqués au chapitre II de la première Section, pour obtenir la détermination des limites des bois communaux, avant que les ingénieurs du cadastre ne s'occupent d'en faire l'arpentage (1).

Ce que nous avons dit dans ce même chapitre au sujet de l'arpentage et du levé des plans des forêts impériales, est aussi applicable aux bois communaux. Il faut cependant observer que les ingénieurs du cadastre ne sont point obligés de fournir les plans séparés de ces bois (2).

Mais les communes ou l'administration peuvent prendre des arrangemens avec ces ingénieurs, pour obtenir d'eux le périmètre des bois communaux, de la même manière qu'il a été dit pour les forêts impériales.

Si les circonstances ne permettent pas d'attendre qu'il soit procédé à l'arpentage du territoire dans lequel est situé un bois commu-

____

(1) Décision du ministre des finances, du 19 septembre 1811. — Circulaire du 24 octobre suivant, n° 457.

(2) Lettre du ministre des finances aux administrateurs généraux des forêts, du 6 germinal an XIII.

nal, pour en avoir le périmètre, on doit avoir
recours à un arpenteur forestier. Dans ce cas
on exige de celui-ci une soumission par laquelle il s'oblige envers la commune, sous
l'approbation du préfet et du conservateur des
forêts, à fournir, dans un délai déterminé, le
plan du bois à mesurer, sous les clauses et conditions suivantes :

1° Ce plan exprimera l'étendue, la situation
et la figure exacte du bois, les places vagues,
terres, prés, marais, étangs, friches, montagnes, rivières, ruisseaux, ravins et chemins
qui s'y trouvent; les fossés de division, les
arbres de limites, les bornes existantes et les
accrus reconnus, avec l'indication par nature
de culture des tenans et aboutissans du bois.

2° Pour la désignation des arbres de limites,
l'arpenteur aura un marteau dont il déposera,
si fait n'a été, l'empreinte, tant au bureau du
conservateur qu'au greffe du tribunal de
l'arrondissement.

3° Le plan à lever sera rapporté à l'échelle
de 1 sur le papier pour 5000 sur le terrain
(1 décimètre pour 500 mètres), orienté plein-
nord sur la déclinaison de l'aiguille aimantée,
calculée à Paris. Les lignes des plans seront
cotées en mètres et les angles en degrés,

d'après la division du cercle en 36o parties.

La surface sera indiquée en hectares ; les accrus et terres vagues seront distinctement exprimés.

4° Indépendamment du plan dressé à l'échelle de 1 pour 5ooo, l'arpenteur fournira une rédaction de ce plan à l'échelle de 1 pour 10,000, qui offrira sur une ou plusieurs feuilles séparées les triages des bois et les détails susceptibles d'être présentés.

5° Les plans, à quelque échelle qu'ils soient dressés, seront rattachés au plus grand nombre de points possible, pris au dehors du bois, tels que clochers, châteaux ou autres points fixes.

6° L'arpenteur joindra au plan un mémoire en forme de procès-verbal, contenant tous les détails de l'opération d'arpentage, de reconnaissance et apposition de bornes, et de fixation de limites, contradictoirement reconnues avec les riverains.

7° Ce travail achevé, l'arpenteur remettra à l'inspecteur forestier local, trois expéditions de ses plans aux deux échelles précitées ; une expédition pour la commune ; une pour le conservateur, et la troisième pour l'administration générale des forêts. Ces plans seront proprement dessinés, lavés et écrits sur papier dit *grand aigle.*

8° La somme allouée au soumissionnaire par chaque hectare sera payée sur une ordonnance du préfet, et par quart, suivant les progrès de l'opération, constatés par un certificat de l'inspecteur local, visé par le conservateur; le dernier quart ne sera payable qu'après la remise entière des plans, et sur le vû et l'approbation 'donnés par l'administration au travail de l'arpenteur.

9° S'il est jugé convenable de faire procéder à la vérification des plans remis, cette vérification sera faite en présence du soumissionnaire ou lui duement appelé; et dans le cas où il serait reconnu que les plans ne présentassent pas avec exactitude les détails exigés, le paiement de ce qui restera dû sera suspendu jusqu'à la rectification des plans.

10° La vérification dont il s'agit aura lieu dans les trois mois après la remise du travail; ce délai passé, il n'y aura plus lieu à différer le paiement du dernier quart; mais aussi ce délai ne pourra servir de prétexte au soumissionnaire pour se refuser, dans le délai d'un an, à toute vérification.

11° Il fournira caution à la satisfaction du

préfet, et prêtera serment, si fait n'a été, pardevant le tribunal civil de l'arrondissement,
avant de commencer ses opérations.

12° Dans le cas où il s'éleverait des difficultés sur l'exécution du traité, elles seront
soumises à la décision du préfet, et le soumissionnaire sera tenu de s'y conformer (1).

Telles sont les conditions à imposer à l'arpenteur, lorsqu'il n'est question que de se procurer l'arpentage et le plan d'un bois communal.

Mais lorsqu'en même temps on veut établir
les divisions des coupes fixées par l'aménagement dont il va être parlé, on doit insérer,
avant l'article VI, une clause qui oblige l'arpenteur à tracer les lignes divisoires sur les
plans, d'après l'indication et l'avis du conservateur ou de l'agent forestier local, si le conservateur l'y autorise; à numéroter les coupes
et à indiquer, par une légende, la contenance
en hectares de chaque coupe numérotée, et
l'année de la première révolution.

Dans ce cas, l'arpenteur doit aussi s'obliger

____

(1) Circulaires des 14 floréal an XII, n° 203; et 25
janvier 1809, n° 387.

à tracer sur le terrain toutes les lignes destinées
à fixer l'aménagement, à ouvrir de petits
fossés de division entre les coupes, de manière
que les limites en soient toujours reconnues;
ces petits fossés devant être espacés de 15 à 20
mètres entre eux, ayant 3 à 4 mètres de longueur, 80 centimètres d'ouverture et 50 centimètres de profondeur, et à la charge de buter
sur les bords les terres en provenant (1).

____

(1) Circulaire du 14 floréal an XII, n° 203.

CHAPITRE III.

Des Aménagemens.

LE quart du bois appartenant aux communes, aux hospices et autres établissemens publics, doit être distrait pour croître en futaie dans les meilleurs fonds et lieux les plus commodes (1).

Les ordonnances de Charles IX, des années 1563 et 1573; de Henri III, des années 1587 et 1588, et celle de Louis XIV de l'année 1669 (2), permettaient de régler en dix coupes l'exploitation de ces sortes de bois.

Des réglemens postérieurs ont voulu que ces coupes fussent réglées à 25 ans, et la plupart

______

(1) Ordonnance de Charles IX, de l'année 1573; de Henri IV, de l'année 1597; de Louis XIV, de l'année 1669, tit. XXIV, art. 1er, et tit. XXV, art. 2.

(2) Ordonnance de 1669, tit. XXIV, art. 3, et tit. XXV, art. 3.

des bois sont maintenant ainsi aménagés.

Mais lorsqu'il s'agit de faire un nouvel aménagement, les officiers forestiers peuvent proposer telle division de coupe qui leur paraît convenable d'après la nature du sol, les essences dont il est garni, et les besoins du pays; car les bois communaux et d'établissemens publics sont maintenant soumis au même régime que les forêts impériales, et aucune loi ne fixe l'âge auquel celles-ci doivent être aménagées.

Quel que soit cet âge, il doit être fait marque et retenue de trente-deux baliveaux de l'âge du bois par chaque hectare, des plus baux brins de chêne, hêtre ou autres de la meilleure essence, outre et par-dessus les anciens, modernes et fruitiers (1).

Telle sont les bases d'après lesquelles doivent être fixés les nouveaux aménagemens, soit que ceux qui existent aient été reconnus vicieux, soit que les bois n'aient jamais été aménagés.

Il faut observer qu'il ne peut être procédé à aucun aménagement, sans un arrêté du Gouvernement (2).

____

(1) Ordonnance de 1669, tit. XXIV, art. 3, et tit. XXV, art. 3.

(2) Circulaire du 14 floréal an XII, n° 203.

Avant de solliciter cet arrêté, les officiers doivent dresser un procès-verbal qui contienne la description de la forêt, l'examen de l'aménagement actuel, et le projet de celui qu'il convient de lui substituer.

Ce procès-verbal doit offrir les mêmes détails que nous avons indiqués au chapitre III de la section première, concernant l'aménagement des forêts impériales.

Il doit être communiqué au préfet du département pour avoir son assentiment relativement à la dépense qu'occasionnera l'opération.

Ce magistrat autorise la dépense et règle le mode de paiement (1); son avis est ensuite envoyé, avec les pièces, à l'administration par le conservateur, qui y joint ses observations (2).

L'administration prend connaissance de l'affaire, et présente au ministre des finances un projet d'aménagement. Il intervient, sur le rapport du ministre, un arrêté qui autorise les opérations d'aménagement et en prescrit les bases.

---

(1) Circulaire du 17 brumaire an XIII, n° 245.
(2) Circulaire du 14 floréal an XII, n° 203.

6.

Cet arrêté, transmis par le ministre à l'administration, est adressé au conservateur pour en assurer l'exécution (1).

---

(1) Lettre de l'administration, du 30 vendémiaire an XII, n° 1196

CHAPITRE IV.

Des Coupes ordinaires et extraordinaires.

Les coupes des bois des communes et des établissemens publics se distinguent en coupes ordinaires et en coupes extraordinaires.

Les coupes *ordinaires* sont celles qui se trouvent annuellement déterminées par l'ordre d'aménagement ou le tour d'exploitation ; elles comprennent aussi les chablis ou bois de délit.

Les coupes *extraordinaires* se composent, savoir : d'éclaircissement de futaies ou de coupes d'arbres secs, viciés et dépérissans ; du quart des bois mis en réserve et des recépages.

Les communes et les administrations d'établissemens publics ne peuvent, sous les peines déterminées par les lois et réglemens, faire dans l'étendue de leur propriété aucune coupe, soit ordinaire soit extraordinaire, sans une autorisation légale (1).

Coupes ordinaires.

Les officiers forestiers dressent par chaque inspection, des états en double des coupes ordinaires à asseoir, conformes au modèle n° XXXII.

Le conservateur envoie ces états en double, avant le 1ᵉʳ mai, au directeur général, pour être approuvés, s'il y a lieu, dans la même forme que les états des coupes ordinaires des bois impériaux (2).

Coupes extraordinaires.

Les demandes de coupes extraordinaires sont faites au ministre des finances, appuyées, s'il y a lieu, des délibérations des conseils municipaux ou des administrations d'établissemens publics. Si ces demandes ont pour objet des coupes de futaies ou d'arbres dépérissans, ou

---

(1) Ordonnance de 1669, tit. XXV, art. 8. — Loi du 29 septembre 1791, tit. XII, art. 11.

(2) Instruction du 25 ventose an XI.

des recépages, elles doivent, pour éviter tout retard, être remises directement, avant le 1er mai, à l'inspecteur local, qui en accuse la réception, la mentionne sur son registre, et en donne avis, dans les trois jours, au conservateur.

L'inspecteur procède ou fait procéder, sans différer, par le sous-inspecteur local, à la visite de la coupe demandée. S'il s'agit de coupes de quart de réserve, la commune ou l'administration de l'établissement propriétaire fait parvenir la demande au préfet du département; lorsqu'il a donné son avis, la commune ou l'établissement propriétaire communique toutes les pièces à l'inspecteur de la situation des bois. Celui-ci en mentionne, ainsi qu'il est dit ci-dessus, la réception sur son registre, en donne avis dans les trois jours au conservateur, et procède aussitôt à la visite (1).

Il faut observer que lorsque les communes négligent de solliciter l'autorisation des coupes extraordinaires que nécessite l'état de leurs bois, les officiers forestiers doivent y

---

(1) Instruction du 25 ventose an XI.

suppléer (1), et suivre, pour faire ordonner ces coupes, la marche que l'on a indiquée relativement aux coupes extraordinaires des forêts impériales.

Les procès-verbaux de visite et reconnaissance des bois à exploiter extraordinairement doivent énoncer : pour les futaies, l'âge, l'essence, l'état des arbres et le nombre d'hectares sur lesquels ils se trouvent; pour les recépages, l'âge, l'essence, la contenance et l'état de la coupe; pour le quart de réserve, la contenance des bois de la commune ou de l'établissement public, le nombre d'hectares qui se coupent annuellement, d'après le réglement ou l'usage, l'âge, l'essence, l'état, la contenance des quarts en réserve dont la coupe est demandée, et, autant que possible, le nombre de baliveaux de chaque âge à réserver par hectare, la date du dernier arrêt qui en a réglé la vente, et celle du procès-verbal d'adjudication.

Les officiers forestiers reconnaissent, particulièrement pour les quarts en réserve, si les

____

(1) Lettre de l'administration, du 16 messidor an **XI**, n° 2255.

ressources locales et la proximité des forêts permettent de procéder avantageusement à la mise en vente, soit d'une partie, soit de la totalité de la coupe. Leur avis sur toutes les demandes doit principalement se régler d'après l'état des forêts; ils renvoient les demandes, accompagnées de leurs procès-verbaux et de leurs observations, au conservateur, qui les adresse directement au directeur général avec son avis (1).

Autorisation des Coupes.

Aussitôt que l'autorisation nécessaire est parvenue par la voie de l'administration générale au conservateur, il fait procéder aux balivage, martelage et estimation des coupes (2). Un double du procès-verbal de balivage et martelage est remis par l'officier forestier au maire de la commune ou à l'administration de l'établissement propriétaire (3), ainsi qu'une expédition du procès-verbal d'adjudication, lorsque la vente a lieu (4).

---

(1) Instruction du 25 ventose an XI.
(2) Loi du 29 septembre 1791, tit. XII, art. 11.
(3) Instruction du 25 ventose an XI.
(4) Cahiers de charges générales arrêté par l'administration.

CHAPITRE V.

Des Coupes ordinaires délivrées aux Communes et aux Établissemens publics.

LES coupes ordinaires des bois communaux et des établissemens publics se délivrent en nature ou sont mises en adjudication. Si les communes sont dans l'usage de partager en nature leurs coupes ordinaires, et les établissemens publics d'exploiter par économie, les officiers forestiers assignent préalablement, sur l'avis des préfets, une portion suffisante de la coupe, pour la vente en être faite aux enchères, et son produit être employé au paiement des vacations dont les communes sont tenues pour les opérations d'arpentage, de balivage, martelage et récolement de la portion à partager, ainsi qu'au paiement des frais de garde, d'exploitation, et de la contribution foncière (1).

______

(1) Lois des 15 août 1792; 29 floréal an III, et 11 frimaire an VII.

Les portions des coupes ordinaires des bois des communes qui se distribuent entre les habitans ne peuvent être partagées sur pied. La délivrance s'en fait au maire, et le bois n'est distribué qu'après l'exploitation entièrement terminée (1).

Le partage de bois d'affouage, autre que les futaies, se fait par feux, c'est-à-dire par chef de famille ayant domicile (2).

L'exploitation est faite par des gens entendus, choisis aux frais de la commune, et capables de répondre de la mauvaise exploitation (3).

Il ne peut y avoir pour la même coupe plus de trois associés, qui sont agréés par l'inspecteur forestier de l'arrondissement (4).

Il est défendu à toutes personnes, autres que les ouvriers salariés par les entrepreneurs,

---

(1) Instruction du 25 ventose an XI.

(2) Déclaration du 13 juin 1724. — Loi du 26 nivose an II.—Arrêté des consuls, du 19 frimaire an X. —Avis du conseil d'état, des 20 juillet 1807, et 26 avril 1808.

(3) Ordonnance de 1669, tit. XXV, art. 11.

(4) Intruction du 25 ventose an XI.

d'entrer dans la coupe avec des haches ou autres outils tranchans (1).

Les entrepreneurs de la coupe doivent, avant d'en commencer l'exploitation, être munis d'un permis, qui leur est délivré par l'inspecteur de l'arrondissement, conformément au modèle n° XXXIII.

Ils sont tenus de se conformer au cahier des charges arrêté par l'administration, dans lequel sont rappelés les articles 40, 41, 42, 43, 44, 45 et 46 du titre XV de l'ordonnance de 1669, concernant les coupes, traites et vidanges, et de faire les divers travaux accessoires de l'exploitation qui sont détaillés au chapitre IX de la section première de ce Traité.

Les coupes usées par les entrepreneurs doivent être récolées dans les quarante jours qui suivent l'expiration des délais accordés pour leur vidange, conformément aux art. 1, 5, 9 et 10 du titre XVI de l'ordonnance de 1669, et à l'art. 7 du § Ier de l'instruction du 7 prairial an 9, rappelés au cahier général des charges.

____

(1) Cahier des charges générales arrêté par l'administration, art. 11.

(93)

La décharge d'exploitation n'a lieu qu'après
que l'inspecteur ou le sous-inspecteur a vé-
rifié par lui-même, que les entrepreneurs ont
rempli leurs obligations, et qu'il en a dressé
un procès-verbal conforme au modèle
n° XXVII, inséré à la fin du tome 1er de cet
Ouvrage.

CHAPITRE VI.

Des Coupes vendues.au profit des Communes et des Établissemens publics.

Les quarts de réserve et les recépages sont nécessairement mis en adjudication (1).

Les communes qui, pour leur plus grand avantage, jugeraient à propos de vendre leurs coupes ordinaires, au lieu de les partager en nature, ne peuvent le faire qu'en vertu d'une permission (2) accordée par le Gouvernement, d'après l'avis du conservateur, visé par le préfet (3).

Les chablis et bois de délits font toujours partie de la vente de l'ordinaire (4).

Les adjudicataires des coupes, tant ordi-

---

(1) Instruction du 25 ventose an XI.
(2) Ordonnance de 1669, tit. XXV, art. 12.
(3) Loi du 29 septembre 1791 ; tit. XII, art. 10.
(4) Instruction du 25 ventose an XI.

naires qu'extraordinaires, sont tenus de payer comptant, entre les mains des préposés de l'enregistrement, le décime pour franc du prix de leur adjudication, lors même qu'il n'en serait pas fait mention au cahier des charges (1).

Ce que nous avons dit aux chapitres VII, VIII, IX, XI et XII de la section première, au sujet des opérations qui doivent précéder et suivre la vente des coupes dans les forêts impériales, est applicable aux ventes des bois communaux (2), sauf les exceptions suivantes :

Les ventes se font en présence du maire ou de son adjoint, ou des administrateurs légaux, indépendamment des autres fonctionnaires publics appelés aux ventes des coupes impériales, autres que le receveur général du département.

____

(1) Loi du 29 septembre 1791, tit. XII, art. 19. — Décision du ministre des finances, rapportée dans une circulaire de l'administration, du 9 messidor an XI, n° 153.

(2) Loi du 29 septembre 1791, tit. Ier, art. 4 et 5, et tit. XII, art. 9, 11, 12, 14 et 19. — Arrêté des consuls, du 19 ventose an X.

Les arpenteurs font viser pour timbre et enregistrer en débet les procès-verbaux de leurs opérations, sauf à poursuivre contre les communes le paiement des droits exigibles (1).

Les trésoriers et percepteurs à vie des communes reçoivent les prix des ventes ordinaires ; les traites à souscrire par les adjudicataires sont faites au profit de ces percepteurs, qui ont, en cette partie, les mêmes attributions que les receveurs généraux à l'égard des bois impériaux.

Ces trésoriers et percepteurs prennent les mêmes mesures et assurances, et exercent, le cas échéant, les mêmes poursuites contre les adjudicataires des coupes ordinaires, que les receveurs des domaines contre les adjudicataires des bois impériaux.

La régie de l'enregistrement est chargée du recouvrement du prix des adjudications de toutes les coupes extraordinaires faites dans les bois appartenans aux communes (2), aux hospices et autres établissemens publics (3).

----

(1) Circulaire du 24 mai 1810, n° 415.

(2) Arrêté des consuls, du 19 ventose an X, art. 2.

(3) *Ibid.*, art. 9.

Dans les trois mois du recouvrement de chaque portion du prix desdites coupes extraordinaires, le montant en est versé dans la caisse d'amortissement, pour y être tenu à la disposition des communes, avec intérêt à raison de trois pour cent par an.

Il est tenu à ladite caisse, département par département, et commune par commune, un compte de recette et de dépense.

Ledit compte, tant en recette et intérêts qu'en dépense, est balancé à la fin de chaque année, et le bordereau, duement certifié, est transmis en triple au ministre de l'intérieur.

L'un de ces borderaux triples est déposé dans les bureaux du ministre de l'intérieur; l'autre au bureau de la préfecture du département auquel il appartient; et le troisième est adressé à la commune qu'il regarde.

Les fonds qui sont dans la caisse d'amortissement, appartenant auxdites communes et établissemens publics, sont mis à leur disposition sur une décision motivée du ministre de l'intérieur (1).

Il se fait, sur le produit des quarts de ré-

____

(1) Arrêté du Gouvernement, du 19 ventose an X, art. 8.

serve, un prélèvement de vingt-cinq pour cent, pour former un fonds commun de travaux publics pour tout l'Empire, selon les besoins des communes, des arrondissemens et des départemens (1).

Chaque agent forestier forme, immédiatement après chaque séance d'adjudication, à laquelle il a assisté, un bordereau particulier des ventes extraordinaires des bois des communes et établissemens publics. Ces bordereaux, qui sont adressés sans le moindre retard au conservateur, doivent contenir : 1° la désignation du département dans lequel le bois est situé ; 2° la date de l'adjudication ; 3° le nom de la commune ou établissement propriétaire ; 4° le montant de l'adjudication en principal ; 5° le montant et l'époque du paiement de chacune des traites souscrites par les adjudicataires.

Le conservateur forme un état récapitulatif de ces borderaux partiels, qu'il transmet à l'administration.

Le conservateur, aussitôt après la clôture des adjudications, forme un état général des ventes, tant ordinaires qu'extraordinaires, qui

---

(1) Décret impérial du 21 mars 1806, art. 1.

ont eu lieu dans les bois dont il s'agit. Cet état doit être dressé dans la même forme que l'état général des ventes des bois impériaux. Il contient de même l'indication du département; plus, celle des communes et établissemens publics propriétaires ; la distinction des ventes en ordinaires et extraordinaires ; la désignation des autorisations en vertu desquelles ces dernières ont été faites; enfin la mention des termes de paiement du prix des ventes, et des caisses où il doit s'effectuer (1).

---

(1) Circulaire du 29 nivose an XII, n° 189.

CHAPITRE VII.

Des Bois propres au service de la Marine et de l'Artillerie.

Les martelages pour le service de la marine et de l'artillerie ont lieu dans les coupes des bois des communes, des hospices et autres établissemens publics, de la même manière que dans celles des forêts impériales (1).

Les arbres marqués dans les coupes annuelles des bois communaux et d'établissemens publics sont payés par le fournisseur, au prix dont il conviendra, de gré à gré avec les parties intéressées, ou qui sera réglé par deux experts contradictoirement nommés ; en cas de partage entre les experts, il en sera choisi un troisième par les deux premiers pour fixer le prix des bois par stère (2).

---

(1) Arrêté du conseil, du 21 septembre 1700, art. 4. — Arrêté du Gouvernement, du 19 ventose an X. — Arrêté du Gouvernement, du 19 vendémiaire an XI.

(2) Arrêté du Gouvernement, du 28 floréal an XI, art. 10.

Une copie des procès-verbaux de martelage, fait dans les bois communaux ou d'établissemens publics, est remise, le plutôt possible, au maire de la commune dont ils dépendent (1).

Avant de commencer le martelage dans les bois communaux, les maîtres de la marine se rendent toujours chez le maire de la commune pour l'en prévenir, et l'engager à les faire accompagner, dans leurs opérations, par une personne de confiance, ou tout au moins par le garde forestier de ladite commune (2).

Tous les arbres qui sont marqués pour le service de la marine, dans les forêts communales et d'établissemens publics, ne peuvent être distraits de leur destination, sous les peines portées par les lois (3); ils sont conservés sur pied dans les coupes dont la délivrance est faite aux habitans (4).

Les officiers forestiers doivent donner

____

(1) Décision du ministre de la marine et des colonies, du 10 floréal an XIII, art. 13.

(2) *Ibid.*, art. 8.

(3) Arrêté du Gouvernement, du 28 floréal an XI, art. 15.

(4) Cahier des charges générales arrêté par l'administration, pour les coupes délivrées en nature, art. 12.

connaissance aux agens de la marine et de l'artillerie des propositions des coupes extraordinaires à faire dans les bois communaux, en même tems que ces propositions sont adressées au conseiller d'État directeur général de l'administration. Cette mesure a pour objet de donner aux agens des deux services le tems d'opérer d'avance le martelage dans lesdites coupes; le délai qui se trouve entre l'émission du décret autorisant la coupe, et le moment de l'exploitation étant rarement suffisant pour le choix des arbres propres à la marine et à l'artillerie (1).

Les agens de la marine, d'après les ordres généraux donnés par le ministre de ce département, devant faire deux visites des arbres dont il s'agit, la première après l'abattage, la seconde après l'écarrisage, ils donnent main-levée des arbres et pièces reconnus viciés, aux adjudicataires, qui peuvent alors en disposer à leur gré (2).

Il n'est dû de décime pour franc sur le prix

____

(1) Circulaire du 14 mai 1808, n° 373.

(2) Cahier des charges générales, arrêté pour l'adjudication des coupes de bois des communes et établissemens publics, art. 50.

des bois délivrés pour le service de la marine dans les propriétés communales, que lorsqu'il s'agit d'arbres marqués par extraordinaires hors des coupes assises par les officiers forestiers, ou provenant des plantations éparses sur le territoire de la commune.

Dans ce cas, le décime pour franc doit être acquitté ou par la commune, ou par le préposé de la marine, suivant les conditions du marché passé entre eux ; et s'il n'a été stipulé à cet égard, c'est contre la commune que les poursuites doivent être dirigées (1).

____

(1) Décision du ministre des finances, rappelée dans une circulaire du 18 octobre 1809, n° 407.

CHAPITRE VIII.

Des Vacations pour délivrance faite aux Communes.

Pour indemniser le Gouvernement des frais d'administration des bois communaux, les communes propriétaires sont tenues de payer, à raison des délivrances qui leur sont faites en nature, savoir : 8 fr. 82 cent. par hectare, pour le balivage et martelage ; et 2 fr. 94 cent. par hectare pour le récolement (1).

La somme de 8 fr. 82 cent., relative aux balivages et martelages, est exigible pour chacune des opérations qui se font sur le taillis et la futaie sur taillis, lorsqu'elles ont lieu à des époques éloignées au moins d'un mois l'un de l'autre (3).

Lorsque ces deux opérations sont faites

(1) Loi du 15 août 1792, art. 1.
(2) Loi du 29 floréal an III, art. 1er.

simultanément, il ne doit être exigé que le droit entier pour l'une et la moitié du droit pour l'autre (1).

Il ne doit être perçu qu'un droit de récolement, soit que les deux opérations ayent été faites ensemble ou séparément (2).

A l'égard des forêts de pins et de sapins et des arbres épars, il doit être payé 25 cent. par pied d'arbre, tant pour la délivrance que pour le récolement (3).

Ces vacations sont du nombre des dépenses communales, dont le paiement doit être acquitté sur le produit de la portion des coupes annuelles dont la loi du 11 frimaire an 7 ordonne qu'il sera fait distraction pour être vendue (4), mais il ne doit pas être perçu de décime pour franc sur le prix des portions ainsi distraites et vendues (5).

Si, par abus, il était distrait une portion

---

(1) Loi du 29 floréal an III, art. 2.

(2) *Ibid.*, art. 3.

(3) Loi du 15 août 1792, art. 5.

(4) Décision du ministre des finances, insérée dans une circulaire du 9 messidor an XI, n° 153.

(5) *Ibid.*

qui excédât un peu trop le montant des frais auxquels il s'agit de pourvoir, il y aurait lieu d'exiger le décime par franc du prix entier de la vente, qui devrait alors tourner en déduction des vacations dues pour l'assiette de la coupe entière (1).

Le conservateur, sur le vu des procès-verbaux d'assiette et récolemens, taxe les vacations dues par chaque commune, et en forme un état, qui, sans appui d'autres pièces, doit être ordonnancé par le préfet. Un extrait de cet état est ensuite envoyé au receveur des domaines, pour qu'il en demande le montant aux percepteurs des communes, qui sont tenus, avant toute exploitation, de lui en faire le paiement.

En cas de refus, le receveur doit décerner contre les percepteurs des contraintes pour être mises à exécution d'après le *visa* du président du tribunal de la situation des bois, conformément à la loi du 12 septembre 1791 (2).

----

(1) Décision du ministre des finances, contenue en une circulaire du 26 vendémiaire an XIV, n° 287.

(2) Décision du ministre des finances, contenue en une circulaire de l'administration, du 17 thermidor an XI, art. 159.

Le conservateur forme, pour chaque exercice, et envoie à l'administration un état général des sommes auxquelles ont été par lui taxées les vacations pour délivrance faite à chaque commune (1). Cet état doit être conforme au Modèle n° XXXIV.

---

(1) Instruction du 7 prairial an X, § I, art. 34. — Circulaire du 29 prairial an X, n° 99.

CHAPITRE IX.

Des Gardes.

Les communes, les hospices et autres établissemens publics sont tenus de nommer un ou plusieurs gardes pour la conservation de leurs bois (1).

Le choix des gardes communaux doit être fait par le conseil général de la commune (2), parmi les personnes qui réunissent les qualités exigées pour les gardes forestiers impériaux (3), et ayant servi cinq ans sur terre ou sur mer (4).

La nomination faite par les administrateurs légaux des communes et établissemens est soumise à l'approbation du conservateur des eaux

____

(1) Ordonnance de 1669, tit. XXV, art. 14.

(2) Loi du 29 septembre 1791, tit. XII, art. 3.

(3) *Voyez* au Chapitre IV de la première partie, le § intitulé : *Gardes particuliers.*

(4) Loi du 9 floréal an XI.

(109)

et forêts ; il délivre au garde nommé une commission qu'il envoie au conseiller d'Etat directeur général de l'administration pour être visée et enregistrée (1).

S'il s'élevait des réclamations contre le refus que ferait le conservateur de confirmer la nomination des gardes, ces réclamations devraient être adressées au ministre des finances pour y statuer (2).

Le salaire des gardes doit être réglé, ainsi que leur nombre, par une délibération en bonne forme, et duement homologuée (3).

Si une commune négligeait d'établir un nombre suffisant de gardes, ou de leur fournir un traitement convenable, il y serait pourvu par le conseiller d'Etat directeur général de l'administration, après avoir pris l'avis du préfet du département (4).

Les gardes prêtent serment (5) devant le

---

(1) Loi du 9 floréal an XI.

(2) Décision du ministre des finances, rapportée dans une circulaire du 13 germinal an XII, n° 198.

(3) Circulaire du 18 fructidor an IX, n° 31.

(4) Loi du 29 septembre 1791, tit. XII, art. 4.

(5) Ordonnance de 1669, tit. XXV, art. 25.

tribunal de première instance, sur le réquisitoire du procureur impérial (1).

Lorsque les bois d'une commune sont de très-peu de produit ou d'une petite contenance, leur surveillance peut être confiée au garde champêtre, qui, ensuite de la nomination des administrateurs légaux, reçoit une commission de garde forestier du conservateur (2).

Lorsque l'administration forestière juge convenable de confier au même individu la garde d'un canton de bois appartenant à des communes, hospices ou autres établissemens publics, et d'un triage impérial, la nomination est faite par elle seule (3).

Les gardes communaux et d'établissemens publics qui sont déjà nommés, ou le seront à l'avenir, doivent être inscrits et classés avec les gardes des forêts impériales; ils sont soumis à l'autorité des gardes généraux et de l'administration forestière, et n'ont par conséquent d'ordres à recevoir que d'elle (4).

----

(1) Loi du 9 floréal an XI.

(2) Circulaire du 7 prairial an XI, art. 148.

(3) Loi du 9 floréal an XI.

(4) Loi du 9 floréal an XI.—Circulaire du 7 prairial an XI, n° 148.

Ils ne peuvent être destitués par les maires et autres administrateurs (1). Le conservateur a le droit de prononcer la suspension provisoire de ceux qu'il reconnaît coupables de prévarication ou de négligence (2), à la charge d'en rendre compte, sans délai, au directeur général (3), qui a seul le droit de les destituer (4).

En cas de réclamation contre le refus de la part du conservateur de faire droit sur les plaintes que la conduite des gardes pourrait exciter, ces réclamations devraient être adressées au ministre des finances pour y statuer (5).

Au bout de deux ans de service, ils peuvent être placés de préférence dans l'admi-

---

(1) Loi du 29 septembre 1791, tit. XII, art. 3. — Décision du ministre des finances, contenue dans une circulaire du 13 germinal an XII, n° 198.

(2) Ordonnance de 1669, tit. III, art. 6.

(3) Instruction publiée par l'administration, le 4 février 1806, art. 11.

(4) Loi du 9 floréal an XI.

(5) Décision du ministre des finances, énoncée dans une circulaire du 13 germinal an XII, n° 198.

nistration forestière, suivant le zèle et l'intelligence qu'ils ont montrés (1).

Les gardes des bois des communes doivent porter une bandouillière, au milieu de laquelle est une plaque de métal ayant pour légende *foréts communales* (2).

Les maires des communes propriétaires de bois doivent munir les gardes de ces bois, d'un marteau destiné à la marque des chablis et des arbres de délit. Ces dépenses doivent être supportées par les communes (3).

L'administration peut établir un garde général, lorsque la surveillance d'un tel agent est jugée convenable pour la conservation des bois communaux.

Les administrateurs légaux d'une grande quantité de communes ne peuvent se réunir pour faire la nomination de ce garde général ; elle appartient au conseiller d'État directeur général de l'administration.

Le garde général n'est à la charge des communes, que là où la surveillance se compose

---

(1) Loi du 9 floréal an XI.

(2) Circulaire du 23 brumaire an XII, n° 179.

(3) Lettre du 21 nivose an XI, n° 1639.

en totalité ou en presque totalité de leurs bois.

Le salaire de cet agent est réparti sur chaque commune , au *prorata* de la contenance de ses bois (1).

Le montant des salaires des gardes généraux et particuliers des bois des communes, qui n'ont ni revenus, ni affouages suffisans pour l'acquitter , doit être ajouté aux centimes additionnels des contributions de ces communes (2).

L'imposition additionnelle ne peut avoir lieu que sur l'autorisation du Gouvernement, par décret d'administration publique (3).

Pour l'exécution de ces deux dernières dispositions, le conservateur doit présenter pour chaque année, au préfet du département, un état de toutes les communes propriétaires, et de ce que chacune d'elles doit payer aux gardes particuliers et généraux, avec désignation de celles auxquelles la vente des coupes ou des portions d'affouages ne présente aucune ressource pour effectuer ce paiement.

---

(1) Circulaire du 7 prairial an XI , n° 148.
(2) Loi du 22 mars 1806 , art. 1.
(3) *Ibid.* , art. 2.

Le préfet vérifie sur le budjet de ces dernières communes, si elles ont d'autres moyens, indépendamment de leurs bois, pour acquitter cette dépense ; et, dans le cas de la négative, il a recours à l'addition aux centimes des contributions prescrites par la loi.

Le conservateur fournit ensuite au préfet, à l'expiration des trismestres, un état de ce qui est dû à chaque garde ; ce magistrat expédie des mandats sur les fermiers et receveurs des communes en faveur du directeur de l'enregistrement ; celui-ci est chargé de faire payer les gardes par ses préposés, entre les mains desquels les fonds nécessaires ont été versés par chaque commune (1).

Les fonctions des gardes, tant généraux que particuliers, attachés aux bois des communes, des hospices et autres établissemens publics, sont les mêmes que celles qui sont attribuées aux gardes forestiers impériaux (2).

Ils doivent notamment s'opposer à ce que les habitans conduisent leurs bestiaux dans les

____

(1) Arrêté du Gouvernement, du 17 nivose an XII.

(2) Loi du 29 septembre 1791, tit. XII, art. 6.

parties de bois de la commune qui n'ont pas été déclarées défensables par l'administration (1), et portées dans les états dont le modèle est présenté sous le n° 3o déjà cité.

---

(1) Décret impérial du 17 nivose an XIII.

SECTION III.

DES BOIS APPARTENANS AUX PARTICULIERS.

CHAPITRE PREMIER.

Dispositions Générales.

L'ORDONNANCE de 1669 défendait aux particuliers de couper leurs bois avant l'âge de dix ans ; elle leur prescrivait une réserve de seize baliveaux par arpent de taillis, et de dix par arpent de futaie ; elle voulait qu'ils se conformassent dans l'exploitation à ce qui est prescrit pour l'usance des forêts du domaine, et elle permettait aux officiers des maîtrises de la visiter et inspecter les bois dont il s'agit, pour y faire observer les ordonnances et réprimer les contraventions.

Au moment de la révolution, il s'éleva des plaintes de toutes les parties de la France contre la rigueur dont certains officiers des maîtrises usaient envers les particuliers possesseurs de bois ; on jugea que ces propriétés ne devaient pas être moins libres que les terrains mis en culture, et l'on crut que l'intérêt des propriétaires veillerait mieux que les réglemens, à la conservation et à la prospérité des bois des particuliers.

Ces considérations donnèrent lieu à l'art. 6 du titre Ier de la loi du 29 septembre 1791, qui met les bois des particuliers hors du régime forestier, et permet à chaque propriétaire de les administrer et d'en disposer comme bon lui semblera.

Cette faculté a causé, dans l'espace de dix ans, la destruction d'une infinité de bois de particuliers, qui, sacrifiant aux jouissaces de l'avenir l'intérêt du moment, ont converti en champs labourables et en pâturages les terrains que leurs ancêtres avaient conservés pour alimenter leurs foyers et entretenir leurs bâtimens.

Il en est résulté une rareté dans les bois de chauffage et de construction, qui a porté ces denrées à un prix excessif.

Le mal allait toujours croissant, lorsqu'un

Gouvernement tutélaire en a arrêté le cours au moyen des dispositions suivantes :

1º « Pendant vingt-cinq ans, à compter de la promulgation de la présente loi, aucun bois ne pourra être arraché et défriché que six mois après la déclaration qui en aura été faite par le propriétaire devant le conservateur forestier de l'arrondissement où le bois sera situé.

2º » L'administration forestière pourra, dans ce délai, faire mettre opposition au défrichement du bois, à la charge d'en référer, avant l'expiration de six mois, au ministre des finances, sur le rapport duquel le Gouvernement statuera définitivement dans le même délai.

3º » En cas de contravention aux dispositions de l'article précédent, le propriétaire sera condamné par le tribunal compétent, sur la réquisition du conservateur de l'arondissement, et à la diligence du commissaire du Gouvernement, 1º à remettre une égale quantité de terrain en nature de bois ; 2º à une amende qui ne pourra être au-dessous du cinquantième et au-dessus du vingtième de la valeur du bois arraché.

4º » Faute par le propriétaire d'effectuer la

plantation ou le semis dans le délai qui lui sera fixé, après le jugement, par le conservateur, il y sera pourvu à ses frais par l'administration forestière.

5° » Sont exceptés des dispositions ci-dessus les bois non clos, d'une étendue moindre de deux hectares, lorsqu'ils ne seront pas situés sur le sommet ou sur la pente d'une montagne, et les parcs ou jardins clos de mur, de haies, ou fossés attenant à l'habitation principale.

6° » Les semis ou plantations de bois de particuliers ne seront soumis qu'après vingt ans aux dispositions portées à l'article Ier et suivant (1). »

Ce n'est point seulement sous le rapport des défrichemens que les bois des particuliers sont soumis à la surveillance des officiers forestiers; on verra dans les chapitres suivans qu'ils doivent empêcher que l'on ne coupe de certains arbres de futaie sans une déclaration préalable, et qu'ils sont chargés de faire connaître les parties qui peuvent être déclarées défensables.

L'administration a donc intérêt à avoir

---

(1) Loi du 9 floréal an XI, tit. Ier.

connaissance des bois qui appartiennent aux particuliers. C'est pourquoi elle en a demandé à chaque conservateur un état statistique (1).

Il est bon de dire en passant que les propriétaires ou possesseurs, autres que les simples usagers, peuvent, s'ils sont munis d'une permission de port d'armes, chasser ou faire chasser dans leurs bois et forêts en tout tems; mais qu'ils ne peuvent s'y servir de chiens courans dans la saison où les terres et vignes sont couvertes de leurs fruits (2).

______

(1) Circulaire du 15 octobre 1807, n° 365.
(2) Loi du 30 avril 1790, art. 1.

CHAPITRE II.

Des Gardes.

Tout propriétaire a le droit d'avoir pour la conservation de ses propriétés un garde champêtre ou forestier (1).

Les gardes des bois des particuliers ne peuvent exercer leurs fonctions qu'après avoir été agrés par le conservateur forestier, et avoir prêté serment devant le tribunal de première instance (2).

En cas de refus de la part du conservateur d'agréer lesdits gardes, celui qui les aura présentés pourra se pourvoir devant le préfet du département, qui est autorisé à statuer (3).

Les particuliers qui ont des bois entremêlés avec les forêts impériales peuvent proposer de les faire garder par les gardes impériaux, en contribuant à leurs salaires (4).

---

(1) Loi du 3 brumaire an IV, tit. III, art. 4.
(2) Loi du 9 floréal an XI, tit. II, § II, art. 15.
(3) *Ibid.*, art. 16.
(4) Circulaire du 27 germinal an IX, n° 3.

CHAPITRE III.

Des Bois destinés au service de la Marine et des Poudres.

Le martelage pour le service de la marine a lieu dans les bois des particuliers, taillis, futaies, avenues, et sur les arbres épars (1).

En conséquence, tout propriétaire d'arbres de chêne et orme est tenu, hors le cas d'urgente nécessité, de faire, six mois d'avance, entre les mains des officiers forestiers ci-dessous désignés, la déclaration des coupes qu'il a l'intention de faire, et des lieux où sont situés les bois (2).

Sont exceptés de l'obligation de la déclaration les propriétaires des arbres situés dans les

____

(1) Ordonnance de 1669. — Edit de 1716. — Loi du 9 floréal an XI. — Décret impérial du 15 avril 1811.

(2) *Ibid.*

lieux clos et fermés de murs ou de haies vives, avec fossés attenant aux habitations, et qui ne sont pas aménagés en coupes réglées (1).

Les propriétaires ne sont assujettis à comprendre dans leur déclaration que les chênes de futaie et les ormes ayant 13 décimètres de tour et au-dessus. Si les ormes sont plantés en avenues, près les maisons d'habitation, les propriétaires sont également exempts d'en faire la déclaration (2).

Les contrevenans sont condamnés pour la première fois à l'amende, à raison de 45 francs par mètre de tour pour chaque arbre passible de la déclaration ci-dessus.

En cas de récidive, l'amende est double.

Au moyen de la fixation ainsi faite des amendes, il n'y a lieu de prononcer la restitution égale à l'amende, ordonnée par l'article 8 du titre XXXII de l'ordonnance de 1669, et par l'article 50 de l'édit de 1716 (3).

Les déclarations sont faites en double, sur papier timbré, et remises à l'inspecteur ou sous-inspecteur forestier de l'arrondissement,

---

(1) Décret impérial du 15 avril 1811, art. 1.
(2) *Ibid.*, art. 2.
(3) *Ibid.*, art. 3.

lequel vise un des doubles, qui est retiré par le déclarant.

L'inspecteur enregistre les déclarations; il en envoie chaque mois l'état au conservateur, qui transmet sans délai, à l'officier de génie maritime, l'état général des déclarations fournies dans sa conservation (1). Le conservateur forme aussi à la fin de chaque semestre un état général, conforme au modèle n° XXV, des déclarations faites dans son arrondissement, et le transmet à l'administration (2).

Les martelages sont opérés par un contre-maître de la marine, qui en dresse procès-verbal, dont un double est remis au propriétaire, et l'autre à l'inspecteur forestier (3). Ces procès-verbaux sont envoyés par l'inspecteur au conservateur, qui en forme, pour l'administration, un état conforme au modèle n° XVIII, qui se trouve à la suite du tome 1er de cet ouvrage (4).

---

(1) Décret impérial du 15 avril 1811, art. 4. — Circulaire du 1er mai suivant, n° 439.

(2) Circulaire du 29 mai 1806, n° 317.

(3) Décret impérial du 15 avril 1811, art. 5.

(4) Circulaire du 22 germinal an XI, n° 138, et 29 mai 1806, n°   .

Lorsque les maîtres ou contre-maîtres de la marine ont des martelages à faire dans les bois des particuliers, ils en préviennent, autant qu'il leur est possible par écrit ou de vive voix, les propriétaires, ou, en cas d'absence, leurs fermiers ou représentans, afin que le propriétaire, s'il le juge à propos, puisse être présent audit martelage, ou quelqu'un faisant pour lui (1).

Pour obvier aux abus qui résulteraient de la fausse indication des arbres qu'un propriétaire a déclaré être dans l'intention de faire abattre, il est expressément enjoint aux maîtres et contre-maîtres de marquer à la racine, d'une manière apparente, ceux de ces arbres qu'ils jugeront impropres au service de la marine, et à un mètre de terre ceux de ces mêmes arbres qu'ils réserveront pour les constructions navales; par ce moyen, ils pourront vérifier si les arbres qu'aura fait abattre le propriétaire sont bien les mêmes qu'il avait indiqués; dans le cas contraire, ils en dresseront procès-verbal (2).

-----

(1) Décision du ministre de la marine et des colonies, du 30 floréal an XIII, art. 10 et 11.

(2) *Ibid*, art. 8.

Lorsque lesdits maîtres et contre-maîtres ne trouveront, dans quelques-unes de ces visites, rien de propre à la marine, ils en préviendront aussitôt le chef de l'arrondissement, lequel devra sur-le-champ envoyer au propriétaire un certificat constatant que les bois qu'il a déclaré vouloir abattre, ayant été visités et reconnus par le contre-maître impropres aux constructions navales, restent à sa disposition, et qu'il peut en faire ce qu'il jugera convenable (1).

L'abattage des arbres est fait par le propriétaire avant le 15 avril, conformément à l'ordonnance de 1669 (2).

Dès que l'abattage est terminé, le propriétaire en donne avis au contre-maître ou à l'officier de génie maritime, chef de l'arrondissement forestier, et celui-ci en informe le fournisseur (3).

Le propriétaire traite de gré à gré du prix de ses bois avec les fournisseurs; en cas de difficulté, le prix est réglé par experts

____

(1) Décision du ministre de la marine et des colonies, du 30 floréal an XIII, art. 17.

(2) Décret du 15 avril 1811, art. 6.

(3) *Ibid.*, art. 7.

contradictoirement nommés par les parties intéressées, ou départis par un tiers expert, les deux premiers ne s'accordant pas (1).

Les propriétaires font constater l'époque de l'abattage des arbres par un certificat du contre-maître de la marine, ou des agens forestiers, ou du maire de la commune de la situation des bois (2).

Six mois après l'abattage ainsi constaté, si l'administration de la marine ou ses fournisseurs n'ont pas payé la valeur de ces bois, les propriétaires peuvent disposer à leur gré des arbres marqués (3).

Le paiement s'effectue avant l'enlèvement (4).

Les contraventions sont poursuivies par les agens forestiers, dans les formes ordinaires pour le régime forestier, sur les procès-verbaux des gardes, qui sont, pour ce cas, autorisés à constater les délits dans les bois des particuliers (5).

---

(1) Loi du 29 vendémiaire an XI, art. 7. — Arrêté du Gouvernement, du 28 floréal suivant, art. 11.

(2) Décret impérial du 15 avril 1811, art. 8.

(3) *Ibid.*, art. 9.

(4) Loi du 9 floréal an XI, art. 8. — Avis du conseil d'état, approuvé par l'Empereur, le 18 septembre 1087.

(5) Décret impérial du 15 avril 1811, art. 10.

Les contre-maîtres de la marine doivent également constater les contraventions; mais ils envoient leurs procès-verbaux, duement affirmés, à l'inspecteur ou sous-inspecteur de l'arrondissement forestier, qui fait les poursuites et en rend compte à l'ingénieur de la marine(1).

Tout fournisseur, agent ou particulier qui détournerait de leur destination les pièces marquées et reçues pour la marine, doit être condamné à une amende double de celle exprimée en l'article 3, par pièces façonnées ou non façonnées, sans préjudice de la confiscation des bois (2).

Les agens forestiers et contre-maîtres de la marine sont chargés de constater ces sortes de délits, et les poursuites sont exercées par les inspecteurs ou sous-inspecteurs forestiers, conformément aux articles 10 et 11 ci-dessus (3).

Les propriétaires qui n'ont pas fait l'abattage dans le délai d'un an, à dater du jour de leur déclaration, sont tenus de la renouveler :

____

(1) Décret impérial du 15 avril 1811, art. 11.
(2) *Ibid.*, art. 12.
(3) *Ibid.*, art. 13.

la première est alors considérée comme non avenue (1).

Les propriétaires qui veulent faire usage de la faculté qui leur est accordée par l'article 9 de la loi du 9 floréal an 11 pour le cas d'urgente nécessité, ne peuvent procéder à l'abattage des arbres qu'après avoir fait préalablement constater l'urgence. A cet effet, ils font dresser par le maire de la commune un procès-verbal des causes qui exigent l'abattage d'un ou de plusieurs arbres dont s'agit, et les dimensions doivent être constatées.

Tout propriétaire, convaincu d'avoir, sans motifs valables, donné, en tout ou en partie, à ses arbres une destination différente de celle énoncée au procès-verbal, sera puni des peines prononcées en l'article 3 ci-dessus cité (2).

Il est défendu aux agents forestiers et aux contre-maitres de la marine et autres d'exiger des propriétaires de bois aucune rétribution ou indemnité pour les actes ou procès-verbaux énoncés aux articles 5, 8 et 15 ci-dessus (2).

L'administration générale des poudres, ses

---

(1) Décret impérial du 15 avril 1811, art. 11.
(2) *Ibid.*, art. 15.
(3) *Ibid.*, art. 16.

commissaires et préposés, sont autorisés à faire, dans tous les tems, la recherche, coupe et enlevemens du bois de bourdaine de l'âge de trois quatre ou cinq ans de crue, dans les bois des particuliers, dans l'étendue de quinze myriamètres des fabriques de poudres, à l'exception de ceux qui sont clos et attenans aux habitations (3).

------

(1) Arrêté du Gouvernement, du 25 fructidor an **X**. — Décret impérial du 16 floréal an **XIII**.

CHAPITRE IV.

Des Droits de Pâturage et de Parcours.

IL est défendu aux habitans des paroisses usagères et à toutes personnes ayant droit de paccage dans les bois de l'Empire, des communes
et des particuliers, d'y mener ou envoyer bêtes
à laine, chèvres, brebis et moutons (1).

Les droits de pâturage ou parcours dans les
mêmes bois ne peuvent être exercés par les
communes ou particuliers qui en jouissent en
vertu de leurs titres, ou des status, ou usages
locaux, que dans les parties de bois qui ont été
déclarées défensables par les officiers forestiers (2).

Deux propriétaires qui ont un droit récipro-
que de parcours sur leurs bois, ne peuvent aussi
y introduire des bestiaux avant que les bois où

____

(1) Ordonnance de 1669, tit. XIX, art. 13.
(2) Décret impérial du 17 nivose an XIII.

ils exercent le parcours ayent été déclarés défensables (1).

Mais la répression de cette contravention n'appartient point par action principale à l'administration des forêts (2).

Le conseiller d'Etat directeur général de l'administration détermine dans chaque localité, d'après l'avis des conservateurs, le tems et l'âge où les bois sont défensables (3).

A cet effet, les inspecteurs ou sous-inspecteur comprennent chaque année, dans l'état conforme au modèle n° XXX déja cité, les parties qui peuvent être déclarées défensables dans les bois des particuliers.

Un particulier ne peut être empêché d'introduire ses bestiaux dans ses propres bois avant qu'ils soient défensables, à moins qu'il n'en résulte des graves abus (4).

---

(1) Avis du conseil d'état, approuvé par Sa Majesté l'Empereur, le 19 frimaire an XIV.

(2) *Ibid.*

(3) *Ibid.*

(4) *Ibid.*

SECTION IV.

DES BOIS ET FORÊTS POSSÉDÉS PAR LES ÉTABLISSEMENS PUBLICS ET LES PARTICULIERS SUR LESQUELS L'ÉTAT A DES DROITS.

LES bois dont il s'agit sont de deux sortes, savoir : 1° ceux qui sont tenus à titre de concession, engagement, usufruit, ou à tout autre titre révocable ; 2° les bois en grueirie, grairie, ségrairie, tiers et danger, et par indivis.

Tous ces bois seront soumis au régime forestier, ainsi qu'il a été dit au commencement de cet ouvrage.

CHAPITRE PREMIER.

Des Bois tenus à titre de concession, engagement, usufruit, ou à tout autre titre révocable.

Nous avons vu au chapitre XVII, section première, que toutes aliénations de domaine, faites postérieurement à l'ordonnance de Moulins, de 1566, étaient révoquées, à l'exception de celles qui avaient été autorisées par les assemblées nationales.

Néanmoins ont été maintenus les échanges consommés légalement et sans fraude, avant le 1er janvier 1789, pour les pays qui, à cette époque, faisaient partie de la France; et avant les époques respectives des réunions, quant aux pays réunis postérieurement audit jour 1er janvier 1789 (1).

Les engagistes et échangistes dont les titres se trouvaient révocables, ont été tenus de

---

(1) Loi du 14 ventose an VII, art. 5.

faire, dans le mois de la publication, à l'administration centrale du département, la déclaration générale des fonds faisant l'objet de leur engagement, échange ou tout autre titre de concession, et ceux qui ont fait cette déclaration ont été admis à souscrire, dans le mois suivant, la soumission irrévocable de payer en numéraire métallique le quart de la valeur desdits biens, au moyen duquel paiement ils ont été reconnus propriétaires incommutables, et en tout assimilés aux acquéreurs de biens nationaux (1).

Cette faculté fut déclarée commune aux détenteurs de terrains enclavés dans les forêts, ou en étant distant de moins de 715 mètres, en vertu d'aliénation ou engagement, acensement, sous-aliénation ou sous-inféodation (2), et aux engagistes de forêts au-dessous de 150 hectares.

Les possesseurs de ces bois ont dû payer le quart de la valeur des bois, non compris la futaie et la totalité de la valeur de la futaie (3).

____

(1) Loi du 14 ventose an VII, art. 13 et 14.

(2) Loi du 11 ventose an XII, art. 10.

(3) Avis du conseil d'état, approuvé par l'Empereur, le 12 floréal an XIII.

Les engagistes et échangistes déchus des fonds qu'ils possédaient, qui n'ont point fait la déclaration dans le délai fixé, ont dû être dépossédés (1). Les officiers forestiers ont dû prendre possession des bois dépendans de ces échanges et engagemens (2).

La loi a pourvu à l'indemnité de ceux qui ont fait leur déclaration sans se soumettre à payer le quart de la valeur des biens déclarés; mais ils ne peuvent être dépossédés sans avoir préalablement reçu l'avis de leur liquidation, pour en toucher le montant, ou avoir été remis en possession des biens donnés par eux en contre-échange ; un quart du prix des coupes doit être versé au trésor public; les trois autres quarts doivent être remis aux possesseurs actuels, jusqu'à leur liquidation et remboursement (3).

Aucun concessionnaire ou détenteur, quelque soit son titre, ne peut disposer des bois de haute-futaie, non plus que des taillis recrus sur les futaies coupées ou dégradées (4).

---

(1) Loi du 11 pluviose an **XII**, art. 8.

(2) Circulaire du 14 floréal an **XII**, n° 205.

(3) Loi du 11 floréal an **XII**, art. 8.

(4) *Ibid.*, art. 9.

Il en est de même des pieds corniers, arbres de lisières, baliveaux anciens et modernes des bois taillis, dont il est d'ailleurs défendu d'avancer, retarder ou intervertir les coupes (1).

Les concessionnaires et détenteurs ne peuvent faire de coupes ni d'étayages (2) dans leurs bois, qu'après qu'elles ont été autorisées par l'administration, d'après l'état qui lui en est présenté (3), et qu'ensuite des assiettes, martelage et délivrance faites par les officiers forestiers (4).

Lesdits concessionnaires et détenteurs ne peuvent disposer des chablis et arbres de délits, ni des amendes, restitutions et confiscations en provenant (5).

Ces dispositions de l'ordonnance sont applicables aux bois affectés à la dotation des séna-

---

(3) Loi du 11 pluviose an XII, art. 9.

(2) Arrêt de la cour de cassation, du 2 ventose an XIII.

(3) Circulaire du 14 floréal an XII, n° 205.

(4) Ordonnance de 1669, tit. XXII, art. 7. — Loi du 29 septembre 1791, tit. X, art. 15.

(5) Ordonnance de 1669, tit. XXII, art. 5.

toreries , et à ceux de la légion d'honneur (1), qui n'ont pas été mis à la disposition de la caisse d'amortissement (2).

---

(1) Sénatus-Consulte du 8 frimaire an XII.—Arrêté du Gouvernement , du 28 ventose suivant.

(2) Décret impérial du 28 février 1809.

CHAPITRE II.

*Des Bois tenus en gruerie, grairie, ségrairie,
tiers et dangers, et par indivis.*

Dans plusieurs départemens du nord de l'empire, le domaine perçoit diverses portions sur les produits des coupes de certaines forêts.

Les droits du domaine sur les forêts remontent aux tems éloignés où les rois et les seigneurs aliénèrent leurs domaines, en se réservant une portion, soit dans la propriété, soit sur les fruits.

Ces droits, qui sont imprescriptibles et inaliénables (1), prennent différens noms, suivant les contrées où ils sont établis et la quotité des fruits qui en sont l'objet.

Ils s'appellent droits de *gruerie*, *grairie* et *ségrairie*, dans les anciennes provinces de l'Isle-

______

(1) Ordonnance de 1669, tit. II, art. 6, conforme à l'ordonnance de Moulins.

de-France , Picardie , Soissonnais , Champagne et Orléanais. Ils consistent dans le tiers, le quart, le sixième, et quelquefois le vingtième du prix des ventes.

Ils s'appellent *tiers et danger* en Normandie , et consistent dans le tiers et le dixième du prix ; on les nomme *tiers-denier* dans la Lorraine , le Barrois et le Clermontois , où ils consistent dans le tiers du prix des fruits.

Ces droits n'étaient point tous de même nature ; quelquefois le droit de gruerie s'exerçait sur les productions seulement du fond d'autrui (1). C'était une simple prestation en nature , qui a été assimilée au droit de champart , et déclarée comprise dans la suppression générale des droits féodaux (2).

D'autres fois, les droits de gruerie et autres ont purement et simplement pour cause la concession de fonds , et sont établis sans mélange de cens et autres droits féodaux ; alors ils ne sont point frappés par les lois de sup-

----

(1) Ordonnance de Charles V , du mois de juillet 1376 , art. 48. — Ordonnance de François Ier, du mois de mars 1515 , art. 62.

(2) Arrêté du Gouvernement, du 30 messidor an XI.

pression, et ils doivent être perçus comme avant la révocation (1).

Les forêts passibles de ces droits au profit de l'Etat, sont soumises au régime forestier et doivent être régies par l'administration comme les forêts impériales (2).

Les officiers forestiers doivent les visiter, constater leur nombre, leur essence, leur contenance, leur âge et leur état (3), poursuivre les auteurs des défrichemens et autres délits qui s'y commettent (4).

Les coupes y sont assises et vendues d'après les mêmes autorisations, avec les mêmes réserves, dans les mêmes formes qui sont observées pour les forêts impériales (5).

Les possesseurs n'ont point de droit aux amendes et confiscations adjugées pour ces forêts; mais ils ont la même part aux restitutions, dommages et intérêts, et aux chablis

----

(1) Avis du conseil d'état, approuvé par l'Empereur le 17 ventose an XIII.

(2) Loi du 29 septembre 1791, tit. II, art. unique.

(3) Ordonnance de 1669, tit. XXIII, art. 19 et 21.

(4) *Ibid.*, art. 9 et 23.

(5) *Ibid.*, art. 10 et 13.

qu'ils ont droit et coutume d'avoir aux ventes (1).

La chasse, la paisson et la glandée dans ces forêts appartiennent privativement au domaine, à moins qu'il n'y ait titre contraire (2).

Les possesseurs ne peuvent y prendre aucun arbre vif, qu'ensuite de la marque et délivrance des officiers qui, à l'instant, en font vendre et couper au profit de l'Etat, à proportion de ses droits (3).

Les possesseurs prennent leur chauffage sur les ventes ordinaires, lorsqu'elles ont lieu ; et lorsqu'il n'y a pas de ventes ouvertes, aucun chauffage ne peut être pris qu'en bois mort, ou mort-bois (4), suivant les titres.

Il doit être fait arpentage, figure et description de toutes les forêts, bois et buissons où l'Etat a des droits, tant par indivis que gruerie, grairie, tiers et danger. Les frais de ces opérations sont prélevés sur les ventes, de manière qu'ils soient supportés par le domaine

---

(1) Ordonnance de 1669, tit. XVI, art. 11 et 12.

(2) *Ibid.*, art. 1.

(3) *Ibid.*, art. 16.

(4) *Ibid.*, art. 17.

et par les possesseurs , dans les proportions de leurs intérêts respectifs (1).

Le prix de ventes faites dans les bois indivis entre l'Etat et les communes ou particuliers, doit être versé intégralement dans les caisses impériales , lorsque le droit de copropriétaire n'est pas reconnu et déterminé avant la vente. Dans le cas contraire, on fait souscrire aux adjudicataires des traites particulières en proportion de ce qui revient à chacun des ayans-droit (2). Dans l'un et l'autre cas, le décime pour franc est toujours perçu sur le principal entier , au profit du trésor public.

Au reste, les états de produits ne doivent comprendre que la portion afférente au domaine; le surplus est porté pour mémoire dans la colonne d'observations (3).

Lorsque les demandes en partage de bois indivis, entre le gouvernement et des particuliers, ou des demandes en échange ou aliénation donnent lieu à des expertises, elles ne

---

(1) Ordonnance de 1669 , tit. XXIII, art. 22.

(2) Décision du ministre des finances, rapportée dans une circulaire du 26 germinal an X , n° 86.

(3) Même circulaire.

sont admissibles qu'autant que les experts ont mentionné dans leurs procès-verbaux, 1° la contenanee des bois ; 2° l'évaluation des fonds ; 3° l'évaluation de la superficie, en distinguant le taillis d'avec la vieille écorce, et mentionnant les claires-voies, s'il y en a ; 4° l'indication des rivières flottables ou navigables qui servent aux débouchés, les villes et usines à la consommation desquelles les bois sont employés (1).

____

(1) Décret impérial du 22 juillet 1810.

CHAPITRE III.

Des Bois affectés aux Majorats.

Les officiers forestiers doivent prendre connaissance des bois et forêts affectés aux majorats (1), et en former successivement des états qu'ils adressent à l'administration (2).

Ces bois sont soumis à la surveillance de l'administration (3).

Mais elle doit se borner à veiller à ce que le titulaire d'un majorat doté par Sa Majesté jouisse en bon père de famille et sans dégrader; elle doit seulement constater les dégrations et anticipations des coupes lorsqu'elles ont lieu, et en informer le procureur général du conseil du sceau des titres.

L'administration a la même surveillance à exercer sur les bois faisant partie des majo-

---

(1) Décret impérial du 4 mai 1809.
(2) Circulaire du 16 août 1809, n° 399.
(3) *Ibid.*

rats que Sa Majesté a permis aux particuliers de former (1).

Toutes les communications auxquelles ces bois donneront lieu, de la part des officiers forestiers avec le procureur général du conseil du sceau des titres, se font par l'intermédiaire du conseiller d'état directeur général de l'administration (2).

---

(1) Avis du conseil d'état, du 8 juillet 1809, approuvé par l'Empereur le 5 août suivant. — Circulaire du 12 septembre 1809, n° 404.

(2) Circulaire du 16 août 1809, n° 399.

TABLEAU

DES

OPÉRATIONS FORESTIÈRES

Qui sont prescrites à des époques déterminées.

PAR SEMESTRE.

Le conservateur fournit tous les six mois à l'administration un état des déclarations de volonté d'abattre, faites par les particuliers, ainsi qu'un état des martelages opérés dans leurs bois, par les contre-maîtres de la marine.

PAR TRIMESTRE.

Le conservateur envoie au commencement de chaque trimestre, au conseiller d'état di-

10.

recteur général, l'état des procès-verbaux, jugemens et recouvremens qui ont eu lieu le
trimestre précédent.

Il fournit à la fin de chaque trimestre un
extrait de son livre-journal.

Le sous inspecteur forme, à la fin de chaque trimestre, les états de traitemens dus aux
gardes ; ces états sont envoyés à l'inspecteur,
et par celui-ci au conservateur, qui expédie,
en faveur de tous ses subordonnés, des mandats de traitement.

Le conservateur fournit en suite, au conseiller d'état directeur général, un état général des traitemens qui ont été acquittés pour
le trimestre expiré.

Il envoie les états de ports de lettres et paquets dont l'avance a été faite tant par lui, que
par les inspecteurs et sous-inspecteurs.

Le conservateur fournit, à la fin de chaque
trimestre, au préfet, l'état des traitemens dus
aux gardes-communaux; ce magistrat expédie
ensuite les mandats nécessaires.

Les gardes visitent, de trois en trois mois, les bornes et fossés existant autour de leurs triages.

DE MOIS EN MOIS.

Les inspecteurs se font remettre chaque mois, par les sous-inspecteurs et gardes généraux, un double du livre-journal de ces agens.

Les gardes généraux font chaque mois la tournée générale de leurs cantonnemens.

JANVIER.

Les adjudications des coupes doivent être terminées le 1er de ce mois.

Les inspecteurs font une tournée générale.

Les sous-inspecteurs dont l'arrondissement ne s'étend que sur une partie de l'inspection, font une tournée générale.

Le conservateur, dans le mois qui suit la clôture des ventes des bois impériaux, en envoie l'état général à l'administration ; il envoie aussi les cahiers des charges, les affiches et procès-verbaux d'adjudication.

Il fournit un semblable état pour les bois communaux.

Il envoie dans le même délai l'état des coupes restées invendues et celui des quanti-tés vendues.

Il fournit l'état des menus marchés, celui des produits divers, celui des produits de la pêche, et celui des vacations dues par les communes.

La glandée est fermée le dernier jour de ce mois.

FÉVRIER.

Le conservateur commence ses tournées ; elles ont principalement pour objet, ainsi que celles des inspecteurs et sous-inspecteurs, la vérification de l'état des bois ; celle des coupes faites et à faire ; les aménagemens à établir ; les améliorations à exécuter.

MARS.

Continuation de la tournée du conservateur.

Les permissions de chasse à tir, accordées par le grand-veneur de la couronne, cessent le 1er de ce mois.

Les officiers présentent au conservateur le projet des coupes de l'ordinaire subséquent.

AVRIL.

Continuation de la tournée du conservateur.

Tournée générale du sous-inspecteur, lorsque la sous-inspection ne s'étend que sur une partie de l'inspection.

L'abattage des arbres destinés à la marine doit être fait avant le 15 de ce mois.

Les maires des communes usagères présentent aux officiers, avant le 1er mai, l'état des besoins de leurs administrés.

La coupe des bois taillis doit être terminée le 15 de ce mois.

La traite des bois au-dessus de vingt-cinq ans doit être faite le 15 avril de l'année qui suit la coupe.

Les permissions de chasse à courre, accordées par le grand-veneur, cessent le 20 de ce mois.

Le conservateur envoie au directeur général, avant le 1er mai, l'état des coupes à asseoir dans les bois impériaux et communaux.

Il envoie aussi, à la même époque, un état particulier des coupes extraordinaires à faire dans les forêts impériales.

Les demandes en coupes extraordinaires, fournies par les municipalités, doivent être remises directement, avant le 1er mai, à l'inspecteur.

Le conservateur envoie, avant le 1er mai, l'état des quartiers à déclarer défensables.

MAI.

La coupe des arbres doit être terminée le 15 de ce mois.

Le conservateur envoie, avant le 1er juin, aux inspecteurs, l'extrait de l'état des coupes autorisées par l'administration.

JUIN.

Les inspecteurs font une seconde tournée générale, en même temps qu'ils procèdent aux opérations de balivage et martelage.

Tournée générale des sous-inspecteurs, lorsque la sous-inspection comprend la totalité d'une inspection ou d'un département.

La coupe des arbres à écorcer doit être terminée le 15 de ce mois.

C'est sur la fin de ce mois que l'on ouvre aux bestiaux des usagers la dépaissance dans les quartiers défensables.

JUILLET.

Le conservateur envoie à l'administration son procès-verbal de tournée et les procès-verbaux de récolement.

Les inspecteurs continuent leur tournée et les opérations de balivage et martelage.

AOUT.

Les inspecteurs continuent leurs tournées et terminent les opérations de balivage et martelage.

Les officiers proposent au conservateur les clauses particulières du cahier des charges, un mois avant la mise à prix.

Rédaction des affiches des ventes des bois.

Elles ne peuvent être apposées qu'après l'envoi fait, par le conservateur, des procès-verbaux d'assiette, balivage et martelage.

Le cahier des charges doit être déposé au secrétariat du lieu de la vente, chez les officiers et le receveur, dix jours avant les adjudications.

Le conservateur envoie les procès-verbaux d'arpentage et de réarpentage des coupes, avec l'état des rétributions dues aux arpenteurs.

SEPTEMBRE.

Les adjudications des coupes doivent commencer dans les premiers jours de ce mois. Le conservateur en envoie l'état sommaire à mesure qu'elles ont lieu.

Tournée générale du sous-inspecteur, lorsque son arrondissement ne s'étend que sur une partie de l'inspection.

La traite et vidange des taillis au-dessous de 25 ans doit être déterminée le 15 du mois de septembre qui suit l'adjudication.

Les permissions de chasse à tir, accordées par le grand-veneur, commencent le 15 de ce mois.

OCTOBRE.

La glandée est ouverte à commencer du 1er de ce mois.

Les permissions de chasse à courre, accordées par le grand-veneur, commencent à la même époque.

Le conservateur fournit, à l'administration, l'état des plantations, ensemencement et autres genres d'amélioration exécutées depuis le 1er du mois d'octobre précédent.

Il envoie à l'administration un double des procès-verbaux qui constatent l'état des ouvrages d'amélioration entrepris chaque année.

Continuation des adjudications des coupes.

NOVEMBRE.

Tournée générale du sous-inspecteur.

Continuation des adjudications des coupes.

DÉCEMBRE.

Continuation des adjudications des coupes.

Le conservateur fournit à l'administration l'état général des menus marchés, celui des produits divers, et celui des surmesures et moins de mesure.

Tournées générales des inspecteurs.

————————

Nota. Le 31 décembre 1812, expiration des licences et des baux à ferme actuels de la pêche.

MODÈLES.

MODELE N° XXIX.

e CONSERVATION.

ÉTAT DES COMMUNES ET PARTICULIERS *ayant ou réclamant des Droits d'Usage dans les Foréts Impériales.*

DÉPARTEMENS.	INSPECTIONS.	NOMS DES PRÉTENDANS DROITS.		NATURE DES DROITS D'USAGE.	FORÊTS.	TITRES.	JUMENS ET ARRÊTS, ET LEURS DATES.		NATURE ET OBJETS DES REDEVANCES A RAISON DES DROITS D'USAGE.	LEUR ÉVALUATION EN ARGENT.	OBSERVATIONS.
		communes.	particuliers				confirmatifs.	infirmatifs.			

CONSERVATION.

MODELE N° XXX.

Département d

ÉTAT des Forêts et Bois Impériaux, Communaux et Particuliers, 11 reconnus Défensables, et dans lesquels les Usagers pourront exercer leurs Droits dans le cours de

INSPECTION D

DÉNOMINATION DES BOIS ET FORÊTS RECONNUS DÉFENSABLES.			CONTENANCE APPROXIMATIVE des cantons défensables.	AGE DES TAILLIS.	NOMS DES USAGERS DANS LES BOIS.	ESPÈCE ET NOMBRE DE BESTIAUX qui pourront être mis à la pâture.		ESPACE DE TEMS QUE POURRA DURER LA PATURE.	MOTIFS QUI FONT TROUVER les Bois défensables.	OBSERVATIONS.
impériaux.	communaux.	de particuliers.				chevaux.	bêtes à corne.			

MODELE N° XXXI.

EXERCICE DE L'AN

ÉTAT DU PRODUIT *des divers Objets relatifs aux Bois, pendant l'Exercice de l'an*

DÉPARTEMENS.	INSPECTIONS.	MONTANT DES BAUX OU ADJUDICATIONS DE				MONTANT DES Redevances pour		Evaluation des Droits d'Usage appartenant à l'Etat.	Dénomination des bois affermés, affectés ou chargés des usages ou redevances ci-contre, et leur situation.		Prix des feuilles pour délais d'exploitation et vidange accordés aux adjudicataires.	Montant des sur-mesures, constaté lors des récolemens.	Total général des divers objets relatifs aux bois, détaillés dans cet état.	Montant des moins de mesure à déduire.	RESTE.	NOMS des adjudicataires et désignation des coupes que concernent le prix des feuilles, le montant des sur-mesures et moins de mesure.		OBSERVATIONS.
		pâturages.	panages.	glandées.	bois affermés ou affectés aux usines.	scieries.	autres usines.		forêts.	communes.						adjudicataires.	coupes.	

CONSERVATION. MODELE N° XXXII.

Département d

BOIS COMMUNAUX, D'HOSPICES ET D'ÉTABLISSEMENS PUBLICS.

INSPECTION D

CONSERVATION.

Arrondissement communal d

ÉTAT des Coupes à asseoir pour l'Ordinaire.

NUMÉRO D'ORDRE.	NOMS des communes ou établissemens propriétaires.	NOMS des bois ou forêts.	Contenance totale des Bois.	Quantités mises en réserve.	Quantités restant en coupes réglées.	AMÉNAGEMENS. DATES des ACTES QUI LES ONT RÉGLÉS.	AMÉNAGEMENS. NOMBRE DE COUPES ET d'années QUI forment la révolution.	ESSENCE DES BOIS.	NUMÉROS DES COUPES.	CONTENANCE DES COUPES. hectares.	CONTENANCE DES COUPES. arcs.	CONTENANCE DES COUPES. centiares.	NATURE DES COUPES.	Dates des autorisations pour l'exploitation des futaies sur taillis.	FUTAIES SUR TAILLIS EXPLOITÉES SÉPARÉMENT. QUANTITÉS D'HECTARES.	FUTAIES SUR TAILLIS EXPLOITÉES SÉPARÉMENT. NOMBRE D'ARBRES.	ARBRES. EXPLOITÉES EN jardinant.	AGE DES COUPES. TAILLIS.	AGE DES COUPES. FUTAIE.	OBSERVATIONS.

MODELE Nº XXXIII.

CONSERVATION.

INSPECTION D

Commune d

Ou désigner l'éta-
blissement public.

BOIS { COMMUNAUX, D'HOSPICE ou D'ÉTABLISSE-MENT PUBLIC.

ORDINAIRE AN

Permis d'Exploitation.

Vu par nous   inspecteur forestier de
l'arrondissement de   les procès-verbaux d'assiette, arpentage, balivage et martelage des   *(les dates)*, de la coupe
à exploiter pour l'ordinaire de l'an
dans la forêt de   appartenant à
laquelle coupe contient   h
à   c   et se trouve réduite à
          h   a   c
d'après distraction faite de   h
a   c   désignés au procès-verbal de balivage et martelage pour être vendus
en la forme ordinaire, et le produit employé

conformément aux lois et réglemens forestiers ; avons fait délivrance de ladite coupe
(*ainsi réduite*) au sieur   maire de la
commune de   (*ou aux sieurs*
administrateurs de   ), sous l'obligation audit sieur maire, au nom de la commune (*ou aux administrateurs de*   )
et aux sieurs   entrepreneurs de
ladite coupe par lui (*ou par eux*), choisis
et désignés et par nous agréés, de se conformer aux clauses et conditions du cahier
des charges par eux souscrit et ci-annexé, et
d'exécuter, avant le   tous les travaux
mentionnés au procès-verbal du
dressé conformément à l'article XIV dudit
cahier.

Date et signature de l'inspecteur.

MODELE N° XXXIV.

~~~~~~

CONSERVATION.

EXERCICE D

ETAT des vacations dues par les communes, hospices et autres établissemens publics, à raison des opérations de balivage et martelage effectuées pour la délivrance des coupes de l'ordinaire et les récolemens des coupes usées, faits pendant le même exercice.
~~~~~~

DÉPARTEMENS.	INSPECTIONS.	NOMS DES COMMUNES OU ÉTABLISSEMENS PUBLICS.	TRIAGES DES COUPES.	ÉTENDU	
				ASSIETTE.	RÉCO

NTANT DES VACATIONS, D'APRÈS LES LOIS DES				TOTAL.	OBSERVATIONS.
OÛT 1791.		29 FLORÉAL AN III.			
.	récolement.	assiette.	récolement.		

MODELE N° XXX

ÉTAT sommaire des Déclarations de volonté d'ab
faites par les Propriétaires de Bois, en exécuti
Décret impérial du 15 avril 1811, dans l'étendue
Conservation, pendant les mois d

DÉPARTEMENS.	MOIS.	NOMBRE				OBSERV
		de déclarations.	d'hectares.	d'ares.	d'arbres à couper.	

TABLE

CHRONOLOGIQUE

Des Lois, Réglemens, Décisions, etc.

1554. 19 *Février.* } réglemens concernant l'exer-
a556. 20 — } cice des droits d'usages.

1557. *Février.* Ordonnance de Henri II.

1563. — Ordonnance de Charles IX.

1566. — Ordonnance de Moulins sur l'inaliéna
bilité du domaine.

1572. *Février.* Ordonnance de Charles IX.

1573. — Ordonnance du même.

1575. — Ordonnance de Henri III.

1576. — Etats de Blois.

1579. — Ordonnance de Henri III.

1580. *Janvier.* Ordonnance du même, concernan
les droits d'usage.

1580. *Mai.* Ordonnance du même.

1583. *Janvier.* Ordonnance du même, concernan
les droits d'usage.

1585. *Janvier.* Réglement pour les forêts de Rou
vrag.

1587. *Janvier.* Ordonnance de Henri III.

1588. — Ordonnance du même.

1597. *Mai.* Ordonnance de Henri IV.

——— — Ordonnance du même.

1601. 4 *Septembre.* Réglement relatif à l'époque
à laquelle doivent commencer les coupes de
bois.

1669. *Août.* Ordonnance de Louis XIV sur les
eaux et forêts.

1700. 21 *Septembre.* Arrêt du conseil, concernant

le martelage des arbres propres au service de la marine.

702. 12 *Mars.* Arrêt du conseil, concernant les moulins à scie.

716. *Mai.* Edit relatif aux attributions des grands-maîtres, en ce qui concerne la clôture des forêts.

723. 9 *Août.* Arrêt du conseil sur l'établissement des martinets, verreries, tuileries, briqueteries et fours à chaux.

724. 23 *Juin.* Déclarations relatives au partage des bois d'affouage entre les habitans des communes.

729. 27 *Septembre.* Arrêt du conseil, concernant les moulins à scie.

1748. 23 *Juillet.* Arrêt du conseil, qui défend de faire abattre aucun arbre futaie, marqué du marteau de la marine.

1750. 29 *Janvier.* Arrêt du conseil, concernant la construction des moulins à scie.

1754. 29 *Octobre.* Réglement pour les forêts de la ci-devant maîtrise de Quillan.

1789. 3 *Novembre.* Proclamation contenant des dispositions relatives au droit de chauffage.

1790. 30 *Avril.* Loi concernant la chasse.

23 *Août.* Loi sur l'aliénation de certains bois.

Année 1790.

1er *Décembre*. Loi relative aux domaines engagés.

17 — Loi qui autorise les gardes à faire rédiger leurs procès-verbaux par les greffiers des juges de paix.

1791. 28 *Juillet*. Loi sur les mines.

—— 29 *Septembre*. Loi sur l'administration forestière.

1792. 15 *Août*. Loi qui ordonne la distraction d'une partie des coupes faites dans les bois communaux, pour être vendue, et le prix employé aux frais de garde, d'arpentage, etc.

1793. 10 *Juin*. Loi concernant le partage des bois communaux.

An II. 10 *Frimaire*. Loi relative aux domaines engagés.

26 *Nivose*. Loi relative au partage des bois d'affouage.

29 *Floréal*. Loi relative au paiement des frais de garde, d'arpentage et autres opérations dans les bois communaux.

An IV. 3 *Brumaire*. Code des délits et des peines.

2 *Nivose*. Loi sur l'aliénation de certaines forêts.

An V. 4 *Vendémiaire*. Arrêté du Directoire exécutif, relatif aux adjudications des coupes de bois.

An V.

8 *Vendémiaire.* Arrêté du Directoire exécutif, qui interdit la chasse dans les forêts nationales.

5 *Thermidor.* Arrêté du Gouvernement concernant les adjudications des bois nationaux.

An VI. 5 *Vendémiaire.* Arrêté du Directoire exécutif, relatif aux droits d'usage dans les forêts nationales.

28 *Messidor.* Arrêté du Directoire exécutif, concernant la police du droit de pêche.

An VII. 11 *Frimaire.* Loi relative aux frais de garde et des opérations faites dans les bois communaux.

14 *Ventose.* Loi relative aux domaines engagés.

5 *Floréal.* Décision du Ministre des finances, portant qu'aucun arbre sur pied ne peut être considéré comme chablis.

An VIII. 21 *Vendémiaire.* Arrêt de la Cour de cassation, portant que les fonctions de juré sont incompatibles avec celles de garde forestier, considéré comme officier de police judiciaire.

An IX. 16 *Nivose.* Loi relative à l'organisation d'une nouvelle administration forestière.

6 *Pluviose.* Arrêté des Consuls, portant que la loi qui crée une nouvelle administration forestière sera exécutée dans les quatre nouveaux départemens en-deçà du Rhin.

An IX.

21 *Ventose*. Circulaire du Ministre des finances aux Préfets, relative aux termes de paiement du prix des adjudications.

15 *Germinal*. Arrêté des Consuls qui règle l'uniforme des administrateurs et autres officiers et agens forestiers.

27 *Germinal*. Circulaire de l'Administration générale des forêts, n° 3, relative à l'organisation des gardes.

7 *Prairial*. Instruction pour les conservateurs, inspecteurs et sous-inspecteurs forestiers, publiée par l'Administration.

23 *Prairial*. Circulaire n° 8, relative à l'impression du cahier des charges.

7 *Messidor*. Circulaire n° 13, portant qu'il sera attaché un garde général aux bureaux de chaque conservateur.

22 *Messidor*. Circulaire n° 16, concernant les frais d'adjudication.

28 *Messidor*. Circulaire n° 17, concernant les marteaux des officiers.

14 *Thermidor*. Loi qui ordonne la formation d'un état des forêts non aliénables.

4 *Fructidor*. Circulaire n° 25, concernant les améliorations à faire dans les bois.

18 *Fructidor*. Circulaire n° 31, concernant la nomination des gardes communaux.

An IX.

18 *Fructidor.* Circulaire n° 32, concernant les certificats de service à délivrer aux gardes.

22 *Fructidor.* Circulaire n° 33, relative au cahier des charges arrêté pour l'adjudication des coupes de bois impériaux.

28 *Fructidor.* Circulaire n° 34, relative au paiement des gardes.

1er *Complémentaire.* Circulaire n° 35, relative aux rapports qui doivent exister entre les préfets et les conservateurs.

An X. 6 *Vendémiaire.* Circulaire n° 36, sur l'exercice du droit de panage.

An X. 8 *Brumaire.* Circulaire n° 44, concernant la conservation des arbres propres au service de la marine.

14 *Brumaire.* Circulaire n° 45, qui fixe la marche à suivre pour le paiement des arpenteurs.

7 *Frimaire.* Arrêté des Consuls concernant les frais de bureaux du conservateur.

9 *Frimaire.* Instruction pour les arpenteurs forestiers, publiée par l'administration.

19 *Frimaire.* Arrêté des Consuls relatif au partage des bois d'affouage.

8 *Nivose.* Circulaire n° 59, relative aux différens modes de régler la coupe des baliveaux.

11 *Ventose.* Circulaire n° 71, faisant suite à l'instruction du 9 frim., concernant les arpenteurs.

An X.

16 *Ventose.* Instruction pour les gardes, publiée par l'administration.

19 *Ventose.* Arrêté des Consuls, relatif au régime des bois communaux.

22 *Ventose.* Circulaire n° 73 , concernant l'état des coupes à asseoir chaque année dans les forêts impériales.

28 *Ventose.* Circulaire n° 75 , relative à l'ordre établi dans la formation de divers états des ventes.

29 *Ventose.* Arrêté des Consuls concernant les bois nationaux dont la vente est attaquée comme illégale.

8 *Germinal.* Circulaire n° 81 , relative à l'état à fournir des coupes invendues.

12 *Germinal.* Circulaire n° 79 , portant qu'il sera fait un tableau de contrôle des officiers et employés, destiné à motiver leur avancement.

12 *Germinal.* Circulaire n° 80, relative aux améliorations à faire dans les forêts.

26 *Germinal.* Circulaire n° 85, ayant pour objet le martelage des baliveaux.

26 *Germinal.* Circulaire n° 86 , contenant une décision du ministre des finances, relative à la vente des coupes assises dans les bois indivis entre l'Etat et les communes ou particuliers.

2 *Floréal.* Circulaire n° 87 , relative à la coupe des baliveaux.

An X.

14 *Floréal.* Loi concernant la pêche „faisant partie de celle relative aux contributions indirectes de l'an XI.

28 *Floréal.* Circulaire n° 91 , contenant une décision du ministre des finances , sur la main-levée des séquestres apposés sur les bois des émigrés.

1er *Prairial.* Circulaire n° 94 , portant qu'il n'est pas dû de taxe personnelle , dans aucun cas , aux officiers de l'administration.

18 *Prairial.* Circulaire n° 95 , concernant l'analyse raisonnée que les conservateurs doivent lui envoyer chaque mois.

28 *Prairial.* Circulaire n° 96 , sur la formation des cantonnemens de la pêche.

29 *Prairial.* Circulaire n° 99 , relative à l'état à former des sommes dues par les communes à raison des vacations des officiers forestiers.

18 *Messidor.* Arrêté des Consuls, relatif aux arbres des grandes routes et à ceux des canaux publics.

26 *Messidor.* Circulaire n° 103 , relative à l'affiche des ventes des coupes de bois impériaux.

2 *Fructidor.* Circulaire n° 108 , portant que la dénomination d'agent forestier s'étend aux gardes généraux.

12.

An XI.

relative au marteau dont doivent être munis les gardes communaux.

23 *Nivose*. Circulaire du Ministre des finances sur la validité des ventes des domaines nationaux.

22 *Pluviose*. Décision du Ministre des finances relative aux bois séquestrés.

30 *Pluviose*. Circulaire n° 132, sur divers abus qui se sont introduits dans le service.

25 *Ventose*. Instruction de l'Administration, concernant le régime des bois communaux.

25 *Ventose*. Cahier des charges pour la vente des coupes de bois communaux, arrêté par l'Administration, et approuvé par le Ministre des finances le 15 Geminal an XI.

27 *Ventose*. Circulaire n° 135, ayant pour objet les travaux d'améliorations exécutés dans les bois.

28 *Ventose*. Loi relative aux droits d'usage dans les forêts impériales.

28 *Ventose*. Arrêté du Gouvernement, relatif au mode suivant lequel les agens forestiers peuvent être traduits devant les tribunaux.

8 *Germinal*. Circulaire n° 136, contenant deux décisions du Ministre des finances, portant que les officiers forestiers doivent être consultés par

An XI.

les Préfets sur la réclamation faite par des particuliers ayant pour objet la propriété des bois.

19 *Germinal*. Loi qui détermine les cas où les conseils de préfecture peuvent renvoyer devant, les tribunaux la connaissance des instances relatives aux droits d'usage.

22 *Germinal*. Circulaire n° 138 , portant que les arbres propres à donner des courbes de marine doivent être compris dans les adjudications.

9 *Floréal*. Loi relative au régime des bois appartenant aux communes, aux établissemens publics et aux particuliers.

25 *Floréal*. Arrêté du Gouvernement qui met les bois de bourdaine à la disposition de l'Administration des poudres.

28 *Floréal*. Arrêté du Gouvernement , concernant le martelage des arbres propres au service de la marine.

7 *Prairial*. Circulaire n° 148 , relative à l'organisation des gardes des bois des communes et d'établissemens publics.

18 *Prairial*. Circulaire n° 150 , relative au martelage et à l'exploitation des arbres de marine.

29 *Prairial*. Circulaire n° 129 , renfermant une décision du Ministre des finances , du 22 du

An XI.

même mois, sur des questions relatives au cumule des bois séquestrés.

9 *Messidor.* Circulaire n° 153, contenant une décision du Ministre des finances, relative au décime pour franc du prix des ventes des bois communaux.

16 *Messidor.* Lettre de l'Administration n° 2255, concernant les coupes extraordinaires de bois communaux.

20 *Messidor.* Instruction sur le choix, le martelage et l'exploitation des bois de marine, publiée par l'Administration.

30 *Messidor.* Arrêté du Gouvernement, concernant les bois tenus en tiers et danger.

18 *Thermidor.* Circulaire n° 159, contenant une décision du Ministre des finances, sur le mode de recouvrement des sommes dues par les communes, à raison des vacations des officiers forestiers.

8 *Fructidor.* Circulaire n° 161, contenant une décision du Ministre des finances, concernant les arbres qui se trouvent dans les cimetières.

25 *Fructidor.* Arrêté du Gouvernement, relatif à la réserve du bois de bourdaine, pour la confection du charbon propre à la fabrication de la poudre.

An XII. 4 *Vendémiaire.* Circulaire n° 170, por-

An XII.

tant, d'après une décision du Ministre des finances, que les titres des usagers, déposés aux conseils de préfecture, doivent être communiqués aux officiers forestiers.

27 *Vendémiaire*. Arrêté du Gouvernement, relatif à la confection du cadastre.

23 *Brumaire*. Circulaire n° 179, relative aux bandoulières des gardes communaux.

3 *Frimaire*. Circulaire n° 180 , sur les formes dans lesquelles il doit être procédé aux adjudications de la pêche.

8 *Frimaire*. Sénatus-consulte , portant réglement sur le mode d'administration des domaines affectés à la dotation du sénat et des sénatoreries.

1 *Nivose*. Circulaire n° 183 , sur la validité des ventes de domaines nationaux.

17 *Nivose*. Arrêté du Gouvernement , relatif à la pêche dans les fleuves et rivières navigables.

17 *Nivose*. Arrêté du Gouvernement, concernant le paiement du salaire des gardes communaux.

26 *Nivose*. Circulaire n° 188 , qui prescrit de former dans chaque conservation un état des droits d'usages reconnus fondés, et de ceux dont les réclamans ont été déboutés.

29 *Nivose*. Loi qui permet la répartition du pro-

An XII.

duit net des amendes forestières entre les employés de l'administration.

29 *Nivose.* Circulaire nº 189 , qui prescrit la formation d'un état général des ventes faites dans les bois communaux.

11 *Pluviose.* Loi sur les engagemens et échanges de bois nationaux.

17 *Pluviose.* Circulaire de l'administration nº 192, relative à une répartition de fonds à titre de gratification, et aux formalités à remplir par les agens forestiers pour y avoir part.

4 *Ventose.* Circulaire du ministre des finances aux préfets , relative au levé des plans des forêts impériales par les géomètres du cadastre.

9 *Ventose.* Loi relative aux partages de biens communaux effectués en vertu de la loi du 10 juin 1793.

7 *Ventose.* Loi relative aux droits d'usage dans les forêts impériales.

18 *Ventose.* Circulaire nº 197, concernant les adjudications de la pêche.

28 *Ventose.* Arrêté du Gouvernement qui ordonne que les bois compris dans la dotation de la Légion d'honneur seront administrés par les officiers forestiers , comme ceux des usufruitiers et des communes.

30 *Ventose.* Lettre de l'administration, nº 1196 ,

An XII.

concernant les formalités à observer pour obtenir l'aménagement d'un bois communal.

13 *Germinal.* Circulaire n° 198 , contenant une décision du ministre des finances , relative à la nomination des gardes communaux.

14 *Floréal.* Circulaire n° 203 , contenant instruction sur l'arpentage, le bornage et l'aménagement des bois communaux.

14 *Floréal.* Circulaire n° 205 , concernant les bois tenus en engagement, dont les détenteurs n'ont pas fait leur déclaration.

14 *Floréal.* Circulaire n° 206 , relative aux états des ventes et aux soins qui doivent être apportés pour leur formation.

12 *Prairial.* Lettre du ministre des finances aux préfets , relative au délai dans lequel peuvent se faire les tiercemens sur les adjudications de coupes de bois.

15 *Prairial.* Circulaire n° 219, concernant les états des coupes à fournir par les officiers des forêts à ceux de la marine.

30 *Prairial.* Décision du ministre des finances, relative aux licences de pêche réclamées par les agens forestiers.

30 *Prairial.* Circulaire n° 213 , relative aux bois grevés du séquestre national , dont la main-levée est réclamée.

An XII.

7 *Messidor*. Circulaire n° 216 , concernant les états détaillés à fournir des semis et plantations faits successivement dans les conservations.

9 *Messidor*. Circulaire du ministre des finances aux préfets , concernant les opérations des géomètres du cadastre dans les forêts.

24 *Messidor*. Instruction de l'administration sur la manière de procéder à la reconnaissance et à l'abornement des forêts impériales, au moment du levé du plan du territoire des communes pour l'opération du cadastre.

24 *Messidor*. Circulaire n° 219 , concernant les formalités à remplir pour le paiement des salaires des gardes.

30 *Messidor*. Lettre du grand-juge ministre de la justice sur l'instruction des affaires concernant les droits d'usage.

11 *Thermidor*. Décret impérial concernant le paiement du prix des adjudications et les sûretés prises contre les adjudicataires.

22 *Thermidor*. Circulaire n° 223 , faisant mention d'une décision du ministre des finances concernant les licences de pêche.

8 *Fructidor*. Décret impérial qui fixe les attributions du grand-veneur de la couronne.

15 *Fructidor*. Circulaire du ministre des finances aux préfets , au sujet des obligations imposées

An XII.

aux géomètres du cadastre pour le levé du plan des forêts impériales.

17 *Fructidor*. Circulaire n° 228, contenant un avis du conseil d'État, approuvé par S. M. l'Empereur, sur l'abolition des droits exclusifs de la pêche.

20 *Fructidor*. Circulaire n° 230, relative à l'établissement des gardes-pêche.

20 *Fructidor*. Circulaire n° 231, sur les états à fournir par les officiers à mesure que se font les adjudications des coupes.

28 *Fructidor*. Circulaire n° 233, faisant mention d'une décision du ministre des finances, relative aux arbres de marine marqués dans les coupes de bois impériaux après les adjudications.

An XIII. 3 *Vendémiaire*. Circulaire n° 236, portant que nul ne peut être considéré comme attaché à la garde des forêts, s'il n'est pourvu d'une commission délivrée par l'administration, et s'il n'a prêté le serment prescrit par la loi.

6 *Vendémiaire*. Circulaire n° 237, relative aux états à former des menus marchés.

13 *Vendémiaire*. Circulaire n° 238, qui fixe les cas où les gords et pêcheries peuvent être compris dans les adjudications de la pêche.

27 *Vendémiaire*. Circulaire n° 241, contenant une décision de S. Exc. le ministre des finances,

An XIII.

relative aux gords, pêcheries et dideaux établis sur les rivières.

1er *Brumaire.* Circulaire n° 242, relative au procédé à employer pour le repeuplement des clairières.

17 *Brumaire.* Circulaire n° 245, relative à l'aménagement des bois communaux.

8 *Frimaire.* Circulaire du ministre des finances aux préfets, au sujet des calques des forêts impériales à fournir par les géomètres du cadastre.

16 *Frimaire.* Décision du ministre des finances concernant l'exercice du droit de maronage.

17 *Nivose.* Décret impérial concernant le droit de parcours et de pâturage.

17 *Nivose.* Avis du conseil d'Etat, approuvé par S. M. l'Empereur, relatif aux droits de gruerie, grairie et ségrairie.

2 *Pluviose.* Circulaire n° 250, qui prescrit la recherche des arbres ayant un mètre 62 centimètres.

9 *Pluviose.* Circulaire n° 251, concernant l'exactitude que les officiers doivent apporter dans leur correspondance avec les préfets.

19 *Pluviose.* Circulaire n° 254, prescrivant un mode uniforme à suivre dans la formation des états des coupes à asseoir.

19 *Pluviose.* Loi qui attribue aux cours de justice

An XIII.

criminelle spéciale la connaissance du crime de rebellion envers toute force armée.

30 *Pluviose*. Avis du conseil d'État , approuvé par l'Empereur, concernant le droit de pêche dans les rivières non-navigables.

2 *Ventose*. Arrêt de la Cour de cassation , portant que les concessionnaires ne peuvent faire de coupe ni d'étayage dans leurs bois, sans autorisation.

1ᵉʳ *Germinal*. Réglement du grand-veneur de la couronne.

6 *Germinal*. Circulaire du Ministre des finances aux Préfets , au sujet de la prîme à accorder aux géomètres du cadastre, pour l'arpentage des forêts impériales.

6 *Germinal*. Circulaire du Ministre des finances aux préfets , sur l'arpentage des bois communaux, au moment du levé des plans du cadastre.

3 *Floréal*. Circulaire n° 262 , sur la question de savoir dans quels cas les procès-verbaux d'assiette , arpentage et autres sont sujets au timbre et à l'enregistrement.

12 *Floréal*. Avis du conseil d'État , approuvé par l'Empereur , relatif aux bois tenus en engagemens, contenant moins de 150 hectares.

16 *Floréal*. Arrêté du Gouvernement , relatif au

bois de bourdaine pour la fabrication des poudres.

16 *Floréal.* Décret impérial qui fixe la distance des fabriques de poudre dans laquelle les préposés peuvent faire l'enlèvement des bois de bourdaine.

26 *Floréal.* Circulaire n° 265, relative aux rapports des officiers forestiers avec les préfets.

30 *Floréal.* Décision du ministre de la marine et des colonies concernant les arbres de marine.

30 *Floréal.* Ordre de travail relatif au service des agens de la marine, arrêté par le ministre de la marine et des colonies.

9 *Prairial.* Circulaire n° 267, relative aux procès-verbaux de balivage et martelage.

15 *Prairial.* Décret impérial qui permet d'affermer la chasse dans les bois communaux.

9 *Messidor.* Circulaire n° 272, concernant la résidence des officiers forestiers.

7 *Thermidor.* Décret impérial portant création d'un conseiller d'état directeur général de l'administration des forêts.

13 *Thermidor.* Décret impérial qui établit une vingt-neuvième conservation dans les départemens situés au-delà des Alpes, et les États de Parme et de Plaisance.

16 *Thermidor.* Instruction de l'administration,

An XIII.

servant de supplément à celle du 24 messidor an XII , concernant la reconnaissance et l'abornement des forêts impériales au moment des opérations relatives au levé des plans du cadastre.

17 *Thermidor*. Décret impérial qui prescrit les conditions exigées des citoyens conscrits , à raison de leur âge , pour être admis aux emplois des administrations publiques.

18 *Thermidor*. Circulaire n° 274 , relative au cahier des charges pour l'adjudication des coupes des bois impériaux.

3o *Thermidor*. Décret impérial qui autorise les coupes en jardinant dans les forêts de sapin et dans celles mêlées de hêtre et de sapin.

3o *Fructidor*. Circulaire n° 279 , contenant une décision du ministre des finances , du 10 du même mois , relative aux paiemens à faire aux adjudicataires par les fournisseurs de la marine.

3o *Fructidor*. Circulaire n° 280 , portant que les ventes par menus marchés devront être faites pardevant les maires , d'après la délégation des préfets ou sous-préfets.

An XIV. 1er *Vendémiaire*. Circulaire n° 281 , indiquant les mesures à prendre pour prévenir les abus dans les délivrances des coupes de bois.

An XIV.

16 *Vendémiaire*. Circulaire n° 284, sur les états à fournir du produit des adjudications.

19 *Vendémiaire*. Circulaire n° 285, sur les rivières qui peuvent être considérées comme non navigables.

26 *Vendémiaire*. Circulaire n° 287, contenant une décision du ministre des finances, relative au décime pour franc du prix des ventes faites dans les bois communaux.

3 *Brumaire*. Lettre de l'administration n° 6258, sur les arbres d'alignement dans les promenades publiques.

7 *Brumaire*. Circulaire n° 290, contenant l'instruction du ministre de la marine et des colonies, sur l'ordre de travail des agens maritimes, pour régulariser le service de l'approvisionnement des bois de construction.

16 *Frimaire*. Décret impérial qui établit un inspecteur principal dans le chef-lieu de chaque conservation.

16 *Frimaire*. Avis du Conseil d'État, approuvé par S. M. l'Empereur, sur les parties de forêts qui doivent être déclarées défensables.

An 1806. 17 *Janvier*. Décret impérial concernant la retenue sur les traitemens.

17 *Janvier*. Circulaire n° 301, concernant les er-

1806.

reurs qui résultent des opérations des arpenteurs.

28 *Janvier*. Circulaire du directeur général n° 3o5, concernant l'état des coupes à asseoir dans les forêts impériales.

4 *Février*. Instruction pour les inspecteurs principaux.

14 *Février*. Circulaire n° 3o9, renfermant une décision du ministre des finances, sur les différentes traites à fournir par les adjudicataires des coupes.

21 *Mars*. Décret impérial qui ordonne un prélèvement de 25 pour cent sur le produit des ventes des quarts de réserve.

22 *Mars*. Loi attributive de la poursuite aux officiers supérieurs de l'administration forestière.

22 *Mars*. Loi concernant le paiement des salaires des gardes communaux.

25 *Mars*. Circulaire n° 316, concernant les frais auxquels sont tenus les adjudicataires des coupes de bois.

29 *Mars*. Circulaire n° 317, concernant l'état à fournir des déclarations faites au conservateur, en vertu de la loi du 9 floréal an II.

21 *Avril*. Circulaire n° 313, relative à la correspondance des conservateurs.

1806.

4 *Mai.* Arrêt de la cour de cassation portant qu'un procès-verbal de récolement annulé pour vice de forme peut être suppléé par un nouveau procès-verbal dressé par le conservateur.

23 *Mai.* Décret impérial portant établissement d'inspecteurs généraux près l'administration générale des forêts.

28 *Mai.* Circulaire n° 319, concernant la clôture des forêts.

29 *Mai.* Circulaire n° 320, concernant les états à fournir des plans des forêts existant dans les archives des conservations ou des inspections.

6 *Juin.* Circulaire n° 322, concernant le paiement des rétributions dues aux arpenteurs.

11 *Juin.* Décret impérial concernant les gardes champêtres.

18 *Juin.* Circulaire n° 328, relative à la mission des inspecteurs généraux.

31 *Juillet.* Circulaire n° 328, concernant l'armement des gardes forestiers.

31 *Juillet.* Circulaire n° 329, concernant les fossés à relever ou à faire à neuf, qui sont à la charge des adjudicataires.

8 *Août.* Circulaire n° 330, concernant le port franc dont jouissent les conservateurs pour leur correspondance avec les préfets.

1806.

12 *Août.* Circulaire n° 332, contenant une décision du ministre des finances sur la nature des droits d'usage.

20 *Août.* Circulaire n° 334, contenant une décision du ministre des finances, portant que l'exploitation en jardinant est applicable aux arbres épars.

23 *Août.* Cahier des charges de la pêche arrêté par le conseiller d'état directeur général, et approuvé par le ministre des finances.

23 *Août.* Circulaire n° 336, concernant la marque des engins employés à la pêche.

15 *Septembre.* Circulaire n° 361, exposant l'importance d'accélérer les ventes.

15 *Septembre.* Circulaire n° 338, relative à l'époque à laquelle on doit procéder à l'adjudication des coupes de bois.

20 *Septembre.* Circulaire n° 339, rappelant une décision du ministre des finances, du 10 du même mois, concernant la réserve des bois de merrains pour la marine, à faire dans les coupes annuelles des forêts impériales.

22 *Octobre.* Circulaire n° 343, concernant la formation des états d'améliorations à faire dans les forêts impériales.

28 *Octobre.* Circulaire n° 244, contenant une décision du ministre des finances, du 7 du même

1806.

mois, relative aux expéditions des plans et pro-cès-verbaux fournis aux adjudicataires par les arpenteurs.

8 *Novembre*. Lettre du directeur général n° 7351, portant que les adjudicataires de la pêche ne sont point tenus de payer le décime pour franc du prix de leurs adjudications.

12 *Novembre*. Loi qui désigne les fonction-naires publics exemptés du service de la garde nationale.

1807. 10 *Mars*. Circulaire n° 351, sur le mode à suivre pour déclarer les parties de forêts qui sont reconnues défensables.

12 *Mars*. Circulaire n° 352, concernant l'état particulier à former pour le traitement des gardes pêche.

16 *Mars*. Circulaire n° 353, portant que les gardes forestiers sont exempts de la garde na-tionale.

21 *Mars*. Arrêt de la cour de cassation, portant que les gardes des particuliers n'étant point agens de l'autorité publique, les attentats com-mis sur leurs personnes ne sont point de la compétence des cours de justice criminelle spé-ciale.

6 *Juillet*. Arrêt de la cour de cassation, portant qu'en matière de récolement, l'administration

1807.

ne peut être mise en demeure que par un acte faisant foi en justice, et légalement connu par l'officier forestier.

20 *Juillet*. Avis du conseil d'État sur le mode de partage de biens communaux, dont deux communes sont propriétaires par indivis.

18 *Septembre*. Avis du conseil d'État, approuvé par S. M. l'Empereur, concernant les arbres marqués pour le service de la marine dans les bois des particuliers.

18 *Septembre*. Circulaire n° 359, concernant les soins que l'on doit apporter pour le repeuplement des montagnes.

15 *Octobre*. Circulaire n° 365, concernant les états à remplir pour former la statistique du sol forestier.

4 *Novembre*. Circulaire n° 366, indiquant les procédés à employer pour le repeuplement des montagnes.

9 *Décembre*. Circulaire n° 369, concernant le salaire des gardes.

1808. 5 *Avril*. Circulaire n° 371, rappelant une décision du ministre de la marine et des colonies, relative aux procès-verbaux de martelage à dresser par les agens de la marine.

8 *Avril*. Arrêt de la cour de cassation, portant que les procès - verbaux de réarpentage et de

1808.

récolement , sont des actes administratifs qui ne doivent être présentés à l'enregistrement que lorsqu'une des parties veut s'en servir.

26 *Avril.* Avis du conseil d'État, portant que les bois indivis entre communes, doivent, comme les terres , être partagés par feux , c'est-à-dire , par chef de famille ayant domicile.

29 *Avril.* Arrêt de la cour de cassation , portant que les récolemens peuvent être faits par les inspecteurs et sous-inspecteurs.

7 *Mai.* Arrêt de la cour de cassation , portant que les voies de fait exercées contre les gardes forestiers suffisent pour déterminer la compétence des cours de justice criminelle spéciale.

14 *Mai.* Circulaire n° 373 , concernant le martelage des arbres propres au service de la marine.

16 *Juin.* Arrêt de la cour de cassation , portant que les violences exercées contre les gardes sont de la compétence des cours de justice criminelle spéciale.

21 *Juillet.* Circulaire n° 375, relative aux débouchés à ouvrir dans les forêts qui en sont susceptibles pour améliorer leurs produits.

22 *Juillet.* Décret impérial concernant les procès-verbaux d'expertise en matière de partage de bois indivis entre le gouvernement et des parti-

culiers, sur la demande d'échange , aliénation ou partage.

25 *Août.* Arrêt de la cour de cassation, portant que la loi du 19 pluviose an 13, qui attribue aux cours de justice criminelle spéciale la connaissance du crime de rebellion envers toute force armée , n'est point applicable aux gardes de bois particuliers.

3 *Novembre.* Arrêt de la cour de cassation , portant qu'aucun agent forestier ne peut être mis en jugement sans l'autorisation de l'administration forestière.

30 *Novembre.* Circulaire n° 382 , rappelant la nécessité où sont les gardes d'être revêtus, dans l'exercice de leurs fonctions, de bandoulières , dont le remplacement est à leur charge.

1809. 10 *Janvier.* Circulaire 384 , concernant les états annuels à fournir des améliorations.

25 *Janvier.* Circulaire n° 387, ordonnant la suspension du dernier quart de la restitution des arpenteurs chargés de l'aménagement des bois des communes , jusqu'à l'approbation donnée à leur travail par l'administration.

28 *Février.* Décret impérial , concernant les bois affectés à la légion d'honneur.

29 *Avril.* Circulaire 393, concernant les encouragemens accordés aux agens forestiers qui signa-

lent leur zèle par les améliorations faites dans les bois.

4 *Mai.* Décret impérial, concernant les biens affectés aux majorats.

13 *Juin.* Avis du conseil d'État sur la compétence en matière d'usurpation de bois communaux.

23 *Juin.* Circulaire n° 396, concernant l'envoi que les conservateurs doivent faire à l'administration de l'extrait du sommier des concessions de terrains à charge de repeuplement.

28 *Juillet.* Arrêt de la cour de cassation, portant que le récolement est valide, lorsqu'il a été fait à l'insu de l'adjudicataire, si son cessionnaire y a été appelé.

28 *Juillet.* Arrêt de la cour de cassation, portant que le délai fixé pour le récolement ne fait cesser la responsabilité de l'adjudicataire, qu'autant qu'il a mis en demeure l'administration par un acte régulier et authentique.

8 *Août.* Circulaire n° 398, contenant des mesures pour la répression des actes d'insubordination des agens et préposés forestiers.

16 *Août.* Circulaire n° 399, concernant les bois dépendans des majorats.

1er *Septembre.* Arrêt de la cour de cassation, portant que les procès-verbaux de récolement ne sont point soumis à l'enregistrement dans le délai de quatre jours.

12 *Septembre.* Circulaire n° 404, portant envoi de l'avis du conseil d'État du 8 juillet précédent, concernant la surveillance à exercer sur les bois dépendans des majorats.

15 *Septembre.* Décret impérial qui accorde à l'artillerie les mêmes droits que ceux que la marine exerce dans les forêts impériales pour les approvisionnemens des arsenaux.

4 *Octobre.* Lettre contenant envoi du décret impérial qui accorde à l'artillerie les mêmes droits dont jouit la marine dans les forêts impériales pour ses approvisionnemens.

18 *Octobre.* Circulaire n° 407, relative au cas où peut être dû le décime pour franc du prix des bois délivrés pour le service de la marine dans les forêts appartenant aux communes.

12 *Décembre.* Circulaire n° 410, portant que les traites à souscrire par les adjudicataires de chablis, doivent être stipulées payables entre les mains du receveur du domaine de l'arrondissement.

1810. 5 *Janvier.* Arrêt de la cour de cassation, portant qu'un procès-verbal de récolement n'est pas nul, pour avoir été fait après le délai fixé par les règlemens, ni parce que l'adjudicataire ou les usagers n'y ont pas été appelés.

22 *Mars*. Arrêt de la cour de cassation, concernant la mise en jugement des agens forestiers.

21 *Avril*. Loi sur les mines, minières et carrières, les fournaux, forges et usines.

24 *Mai*. Circulaire n° 414, sur la gratification accordée aux gardes qui ont arrêté des déserteurs.

24 *Mai*. Circulaire n° 415, sur le timbre et l'enregistrement des procès-verbaux des arpenteurs pour leurs opérations dans les bois communaux.

20 *Juillet*. Arrêt de la cour de cassation, portant que l'adjudicataire, qui a omis de faire procéder au souchetage avant de commencer l'exploitation, ne peut être admis à prouver que les arbres qui y ont été coupés et aux environs, l'ont été antérieurement à son adjudication.

21 *Juillet*. Circulaire n° 419, relative à l'aliénation des terrains contigus aux forêts impériales ou compris dans leur enclave.

28 *Août*. Lettre n° 2595, renfermant une décision du ministre des finances sur les bois de brins pour le service de l'artillerie.

7 *Septembre*. Arrêt de la cour de cassation, portant que le terme fixé pour le récolement

1810.

ne suffit pas pour constituer l'administration en demeure.

25 *Septembre.* Circulaire n° 427, concernant les mesures prescrites pour la reconnaissance et fixation des limites des forêts au moment du levé des plans du cadastre.

14 *Novembre.* Arrêt de la cour de cassation, portant que l'autorisation préalable de M. le directeur général n'est point requise pour la poursuite des injures, violences et voies de fait exercées par les gardes hors de leurs fonctions.

1811. 12 *Janvier.* Décret impérial qui accorde une gratification de 25 francs à tout garde forestier qui a arrêté un déserteur ou un réfractaire.

2 *Février.* Décret impérial qui charge les gardes généraux des forêts du recouvrement des amendes pour délits forestiers.

7 *Février.* Arrêt de la cour de cassation, portant que les violences commises avec armes contre les gardes dans l'exercice de leurs fonctions sont de la compétence exclusive des cours de justice criminelle spéciale.

9 *Février.* Arrêt de la cour de cassation, portant qu'il n'est pas au pouvoir des tribunaux

de proroger l'époque fixée à un adjudicataire pour vider sa vente.

22 *Février*. Arrêt de la cour de cassation, portant que celui en faveur de qui a été faite une déclaration de command n'est censé obligé que du moment où il a accepté.

5 *Mars*. Avis du conseil d'État, approuvé par l'Empereur, concernant les fonds affectés aux retraites et pensions.

8 *Mars*. Décret impérial qui accorde aux militaires retirés la moitié des places de l'administration forestière, et porte qu'à l'avenir nul ne pourra être admis à ces places, s'il ne justifie avoir fait cinq campagnes.

—— 8 *Mars*. Décret impérial qui accorde une gratification aux gardes qui ont constaté des délits de chasse et de port d'armes.

5 *Avril*. Arrêt de la cour de cassation, portant que les bois possédés par les curés, et dépendant de leurs églises, sont soumis au régime forestier et aux règles prescrites par l'ordonnance de 1669.

11 *Avril*. Arrêt de la cour de cassation, portant qu'un procès-verbal de récolement, qui n'a pas été rédigé dans les formes prescrites, peut donner lieu à un nouveau récolement, sur la demande qui en est faite par l'adjudicataire.

1811.

29 *Mai.* Cahier des charges de l'adjudication des coupes de bois de l'empire de l'an 1812, délibéré en conseil d'administration, approuvé par le Directeur général, vu et approuvé par le Ministre des finances.

24 *Juin.* Circulaire n.º 446, tendante à engager les usagers à contribuer à la restauration des forêts dans lesquelles ils exercent leurs droits d'usage.

26 *Juin.* Circulaire n° 442, portant envoi de la dépêche du Ministre des finances, relative aux mesures à prendre pour que les préposés de l'administration concourent avec ceux des droits-réunis à la répression de la contre bande et du colportage des tabacs.

24 *Juillet.* Circulaire n° 447, prescrivant des mesures pour assurer le paiement des traites fournies par les adjudicataires, en faisant saisir les bois de la coupe, le cas échéant.

30 *Juillet.* Circulaire n° 448, relative au certificat à délivrer par les contre-maîtres de la marine aux adjudicataires, afin d'obtenir le congé de cour.

20 *Août.* Circulaire n° 450, qui fixe les cas où les officiers forestiers doivent se concerter avec les receveurs généraux, pour prévenir l'enlèvement des bois de la part des adjudicataires.

1811.

29 *Août.* Circulaire n° 452, relative à la récolte et au choix des graines forestières.

4 *Septembre.* Circulaire n° 454, concernant
la révision des arbres rebutés par les contre-
maîtres de la marine, et le martelage des arbres de réserve.

19 *Septembre.* Décision du Ministre des finances,
concernant la délimitation des forêts.

24 *Octobre.* Circulaire n° 457, sur le même
objet.

9 *Novembre.* Circulaire n° 459, concernant le
service de la marine, et prescrivant l'envoi de
l'état des livraisons faites aux fournisseurs.

26 *Décembre.* Circulaire n° 460, concernant
la délimitation des forêts.

1812. 7 *Janvier.* Circulaire n° 461, portant envoi d'une instruction approuvée par le Ministre
des finances le 7 décembre précédent, concernant les frais de recouvrement des condamna-
tions en matières forestières.

TABLE

DES CHAPITRES.

Contenus dans ce Volume.

SECTION II.

DES BOIS APPARTENANT AUX COMMUNES, AUX HOSPICES ET AUTRES ÉTABLISSEMENS PUBLICS.

14.

Fin de la Table des Chapitres contenus dans ce dernier
Volume.

TABLE

ALPHABÉTIQUE DES MATIERES.

Nota. Les chiffres romains indiquent le Tome, et les chiffres arabes la Page.

A

dans les cinq jours qui suivent la vente ; caution et certificateur de caution, lesquels peuvent être renforcés le cas échéant, I , 197. — Fonctionnaires qui doivent accepter le cautionnement ; l'acte doit en être passé au secrétariat du lieu de la vente. Déchéance et folle enchère encourues par l'adjudicataire , à défaut de fournir caution , 198. — Tout adjudicataire, qui n'a pas renoncé à son adjudication dans les vingt-quatre heures , est tenu au paiement du droit d'enregistrement dans les vingt jours, 199. — Les cessionnaires et les rétrocessionnaires ne peuvent exploiter leurs bois qu'après avoir représenté au sous-inspecteur l'extrait de la rétrocession , 205. — Tout adjudicataire de futaie est tenu d'avoir un marteau pour chaque vente ; dépôt qui doit être fait de son empreinte, 207. — Tout adjudicataire qui a besoin d'un délai pour achever la coupe ou la vidange de ses bois dans les délais déterminés, doit en faire la demande quarante jours au moins avant leur échéance. Pièces qui doivent être produites à l'appui de cette demandes, 211. — Ils sont responsables de tous délits commis dans les ventes et à l'ouïe de la cognée. — A moins que les auteurs n'en aient été indiqués par procès-verbal du garde-vente. — Les adjudicataires ne peuvent chasser ni laisser chasser dans les forêts, 222. Ils ne peuvent déposer dans leurs ventes d'autres bois que ceux qui en proviennent. Il leur est défendu de travailler pendant la nuit ni les jours de fêtes. Ils sont civilement responsables de leurs commis, charretiers, pâtres et domestiques, 223.— Ils sont tenus de curer à vif fonds et d'aligner tous les fossés, sangsues, rigoles, glacis et laies qui se trouvent dans l'intérieur et au pourtour de leurs ventes ; et de réparer et remettre en état les chemins, ponts et terrains dont ils ont usé. *Ib.* En cas de négligence, il y est pourvu à leurs frais, 224.— Mesures prises pour l'exécution des clauses relatives aux arbres de marine, 235.— Celui qui, au moment du récolement, n'a pas satisfait à toutes les obligations, est poursuivi par les voies juridiques, 251. Il paie les excédens de mesure, constatés par le réarpentage, à proportion du prix principal et du décime pour franc. Il est remboursé des moins de mesures dans la même proportion, après la décharge définitive par lui obtenue. Quelles sont les pièces qu'il doit joindre à la demande faite à ce sujet, 252. Il ne peut être donné récompense en bois à l'adjudicataire, ni être fait compensation en espèces de surmesure avec manque de mesure, 253.— Lorsque le conservateur ou l'officier par lui commis a reconnu que l'adjudicataire a rempli tous ses obligations, il donne sont consentement à la délivrance du congé de cour, en vertu duquel la vente rentre ensuite sous la surveillance du garde du triage, *Ibid.* Voyez *Adjudication aux enchères, Baliveaux, Bourdaine, Exploitation, Feu, Fossés de clôture, Frais d'adjudication, Marine, Ouvriers, Places à charbon.*

Adjudication aux enchères. C'est l'acte par lequel le fonctionnaire public, chargé d'une vente, en dé-

tration une note sommaire de chaque adjudication, *Ibid.* — Dans le mois qui suit leur clôture, il fournit un état général, *Ibid.* — Voyez *Coupes, Enchères, Mise à prix, Recépages.*

Adjudication au rabais. Voyez *Clairières, Recépages.*

Administrateurs généraux, sont au nombre de cinq et résident à Paris, I, 14. Voyez *Administration générale, Directeur général, Traitemens.*

Administration générale. Ses attributions, I, 1. — Il ne s'exécute rien dans les bois, en ce qui concerne le régime forestier, que par ses ordres, sous la direction de ses officiers ; tous les actes relatifs à ce régime portent en tête : ADMINISTRATION GÉNÉRALE DES EAUX ET FORÊTS, 11.

Affectation. Voyez *Usines.*

Affiches. Sont rédigées par le conservateur ; mention qui doit y être faite, tant des baliveaux morts et dépérissans, compris dans les ventes, que des arbres qui font partie de la réserve, de quelque espèce qu'ils soient, I, 171. L'apposition des affiches doit être approuvée par le préfet. Lieux où elles doivent être placardées par les gardes, qui en dressent procès-verbal et le font certifier. Il doit y avoir huitaine franche entre la dernière publication et l'adjudication. Le conservateur envoie à l'administration un exemplaire de chaque affiche ; au bas duquel il certifie des jours et lieux où elles ont été placardées, 172. Voyez *Frais d'adjudication.*

Affouage. L'affouage est le droit qu'à l'usager de

prendre dans une forêt le bois nécessaire à son chauffage, II, 15.— Règles qui doivent être observées dans l'exercice de ce droit, 16. Voyez *Coupes extraordinaires, Droits d'usage.*

Age des coupes. Est fixé à sept ans pour les taillis de châtaigniers, I, 102; ne peut être moindre de dix ans pour les taillis des autres essences. Les anciennes ordonnances portaient à cent ans l'âge de la coupe des futaies; mais leurs dispositions, tombées en désuétude, n'empêchent pas de fixer les coupes relativement à la nature du terrain et aux besoins de la contrée, 103. Voyez *Aménagement.*

Agens de la marine. Voyez *Arbres de la marine.*

Agens forestiers. Quels sont les préposés qui portent ce titre, I, 4. — Leur subordination. Voyez *Militaires retirés.*

Améliorations. Fonds destinés aux améliorations, I, 65. — Concours des officiers du génie avec ceux des forêts, pour l'indication des travaux, 66.—Tous travaux d'amélioration doivent être préalablement autorisés par le gouvernement, sur le vu d'un procès-verbal, et d'après l'avis des officiers supérieurs. Le conservateur doit en tenir un sommier, veiller à l'exécution des obligations imposées aux entrepreneurs, faire constater chaque année l'état des travaux par des procès-verbaux dont le double est envoyé à l'administration, 138. — Il doit aussi former, au mois d'octobre, l'état de tous les travaux qui ont eu lieu dans l'année, à

(219)

partir du mois d'octobre précédent, 139. Voyez *Dépenses, Fossés, Pépinières, Semis.*

Aménagement. Ce que l'on entend par ce mot, I, 100.—Marche que doivent suivre les officiers pour parvenir à l'aménagement d'une forêt, 101.—Tout aménagement est fixé par un décret impérial. Le procès-verbal qui doit être dressé à cet effet est divisé en trois parties, 105 : la première renferme la statistique de la forêt; la seconde a pour objet l'examen de l'ancien aménagement, 106; la troisième contient la proposition de l'aménagement à établir. On peut consulter sur cette matière le *Traité de l'aménagement des bois et forêts,* 107.—Il convient que l'aménagement détermine le mode d'exploitation des baliveaux dépérissans, *Ibid. et suiv.*

Amendes. Voyez *Traitemens, Gardes-généraux.*

Arbres de délits. Sont ceux qui ont été abattus par les délinquans ; ils se distinguent en *arsins, faux ventis,* etc. Il importe quelquefois d'en différer la vente, I, 255 *et suiv.* Voyez *Menus marchés.*

Arbres encroués. Voyez *Réserves.*

Arbres conifères. Le pin, le sapin et le mélèze ne peuvent pousser leurs enveloppes au-dessus des tiges naissantes, si le terrain n'est léger et facile à diviser; ils bravent la rigueur du froid et se plaisent à l'exposition du nord, I, 119.

Arbres d'assiette. Voyez *Assiette.*

Arbres de Marine. L'administration a publié, en l'an II, une instruction pour diriger ses préposés dans la recherche des arbres propres à la marine.

Ceux-ci ont été ensuite chargés de présenter un état de tous les arbres de cette espèce qui existent dans les forêts de leurs arrondissemens , I, 166. L'approvisionnement de la marine, tant pour les constructions que pour le merrain, se fait dans les coupes annuelles des forêts impériales. — Les adjudicataires de ces coupes sont tenus de livrer les arbres qui ont été martelés. Accord qui doit exister entre les officiers et ceux de la marine pour opérer ce martelage. — Procès-verbaux à dresser de chaque opération, 167. Indépendamment du martelage dans les coupes annuelles, quelquefois on fait un martelage extraordinaire en jardinant en vertu d'une autorisation expresse du gouvernement, 169.—Manière d'y procéder. Le martelage des arbres de marine doit toujours être fait avant les adjudications. Etats à fournir à ce sujet par le conservateur, 170. — Les adjudicataires sont tenus de faire abattre, avant le 15 avril, et écarrir les arbres martelés, 226. Cas dans lesquels ils sont tenus d'en faire le transport. Ces arbres doivent être visités après l'abbatage et après l'écarrisage. Les adjudicataires peuvent disposer de ceux qui sont reconnus vicieux, 227.—Les bois rendus au lieu du dépôt sont livrés au fournisseur. Tarif des prix auxquels chaque stère doit être payé par ce dernier, 228.—Frais de transport, *ibid.* — Préférence accordée aux adjudicataires pour le passage des bois de marine dans les pertuis et écluses, 230.— Nature du paiement à faire par les fournisseurs. Assurances données à ce sujet aux adjudicataires,

23o.—Cas auquel l'adjudicataire peut disposer des bois par lui transportés, 231.—Les arbres de marine marqués pendant l'exploitation des coupes doivent aussi être conservés par l'adjudicataire, 232; mais le prix en est réglé de gré à gré ou à dire d'experts. Si les fournisseurs n'ont pas traité de ce prix un an après l'adjudication, les adjudicataires peuvent en disposer, *ibid.* Voyez *Courbes.*

Arbres épars. Voyez *Bois communaux, Bois des particuliers.*

Archives. Les officiers ont reçu, sous bref inventaire des anciens agens forestiers, les plans, titres et papiers de l'administration ; les conservateurs se sont réservé ceux qu'ils ont jugé leur être utiles; les autres ont été répartis entre les officiers correspondans immédiatement au conservateur, I, 67. —Ces titres, plans et papiers, constituent les archives dans chaque conservation, inspection et sous-inspection.—Bref inventaire des plans, 68. Voyez *Plans.*

Arpentage des coupes. Il doit y être procédé en présence des officiers et des gardes. L'arpenteur ne peut mesurer plus grande ni moindre quantité que celle portée dans l'état des coupes, dont un extrait lui a été remis.—Il n'encourt aucune peine pour les erreurs qui n'excèdent pas un arpent sur vingt, I, 149. Il mesure tant plein que vide. — Il doit néanmoins faire distraction des grandes routes, et mentionner les places vides comprises dans les quantités à vendre. Les coupes doivent être arpentées d'après le mode qui a été adopté par l'arpenteur qui a levé le plan d'aménagement, 150. Les layes ou tranchées ne doivent avoir qu'un mètre de largeur. — Le bois en provenant demeure au profit de l'adjudicataire, 152. Voyez *Parois*, *Pieds corniers*, *Plans des coupes*, *Tournans*.

Arpentage des forêts. On peut se procurer l'arpentement des forêts au moyen du levé du cadastre général. Marche à suivre pour y parvenir, I, 74 *et suiv*. Salaire accordé au géomètre du cadastre, 87. Voyez *Arpenteurs*, *Bois communaux*, *Limites*.

Arpenteurs. Il en est établi deux dans chaque inspection, I, 43. Instrumens dont ils sont tenus de se pourvoir, à leurs frais. Leurs fonctions. Ils dressent procès-verbal de leurs opérations ; en envoient des expéditions à l'inspecteur, 44. Leurs minutes doivent être inscrites sur un répertoire coté et paraphé, qu'ils sont tenus, ainsi que leurs représentans, de communiquer à toute réquisition à l'inspecteur, 45. En cas d'empêchement, ils sont suppléés par les arpenteurs les plus voisins dans la même conservation. L'arpenteur qui commet une erreur de plus d'un hectare sur vingt, doit être privé de sa commision. Tout arpenteur est tenu de dresser procès-verbal des délits qu'il reconnaît, ainsi que des déplacemens de bornes, 46. — Les instructions qui leur sont données, par l'administration, sont en concordance avec les principes d'après lesquels opèrent les géomètres du cadastre, *ib*. — Ils doivent lever les plans d'après le mode de *Cutellation*, 89; mais ce mode n'est point exclusif dans la pratique. Cas où il convient d'employer celni de *développement*, 90. — Les arpenteurs sont invités à donner une preuve de leur zèle en fournissant, pour chaque arpentage des terrains inclinés, deux opérations, l'une faite sur la superiicie, et l'autre sur la base; dans tous les cas ils doivent indiquer, en tête de leurs plans, quel est le mode qu'ils ont employé, 91. Annotation à faire dans un des angles des plans. Manière de les orienter. Points de rattachement pris hors du terrain mesuré, 92. —Détails que doivent présenter les plans. Echelles sur lesquelles ils doivent être dressés, 93. Voyez *Bois communaux, Rétributions.*

Arrachis. Ne peut s'opérer dans les exploitations qu'en vertu d'une autorisation expresse, I, 213.

Arsins. Voyez *Arbres de délits.*

Artillerie. Prix des bois de brins destinés au service de l'artillerie, I, 228.—Les ateliers d'artillerie ont le même privilége sur les bois que celui dont jouissent les ateliers de la marine, 236. Voyez *Arbres de marine.*

Assiette. Est la désignation de l'endroit de la forêt auquel la vente ou la coupe doit être faite, I, 146.—Dispositions des anciennes ordonnances à ce sujet Abus auxquels donnait lieu leur exécution, réprimés par Charles IX, I, 147. L'officier supérieur dans chaque arrondissement fait désignation de la partie de forêt à vendre; il marque de son marteau l'arbre qui doit servir de point de départ à l'arpenteur pour le mesurage. Cet arbre doit être, autant que possible, un pied cornier de l'ancienne vente. — L'officier indiqué encore à l'arpenteur la forme en laquelle la coupe doit être mesurée. Procès-verbal doit être dressé de cette opération, 148. Voyez *Frais d'adjudication*.

Association secrète. Est défendue aux adjudicataires des coupes, I, 189. Voyez *Associés*.

Associés. Les adjudicataires des coupes de bois ne peuvent avoir plus de trois associés. Déclarations et soumissions à faire à ce sujet, *Ibid*.

Ateliers. Voyez *Feu*.

Aulne. Aime les terrains aquatiques, I, 119.

B.

BALIVAGE. Le mot de balivage ne signifie pas seulement l'opération mécanique de l'application du marteau sur les arbres à réserver dans les coupes, il suppose le choix préalable de ces arbres. Importance de ce choix, I, 158. Voyez *Baliveaux, Inspecteur, Martelage, Récolement*.

Baliveaux. Nombre de baliveaux à réserver par hectare, I, 104. Dans plusieurs arrondissement on adjuge en même temps que le taillis les baliveaux dépérissans, tandis que dans d'autres la vente ne s'en fait que l'année suivante. Exposé des motifs allégués par les partisans de l'un et de l'autre mode, I, 108. — L'administration a déterminé que jusqu'à nouvel ordre on suivrait le mode en usage dans chaque arrondissement. Vues dans lesquelles cette mesure a été prise, 109.—Sur le choix des baliveaux de l'âge, on peut voir le *Traité de l'aménagement des bois et forêts*. Dispositions des lois et usages établis relativement aux baliveaux réservés dans les coupes précédentes, 159. — Tous les baliveaux doivent être marqués à deux décimètres de terre vers le nord ou l'ouest, 160. La réserve des baliveaux de l'âge de la coupe est de droit général. Ils doivent être conservés par les adjudicataires, lors même que les officiers n'en auraient pas fait le martelage. Cas où les adjudicataires peuvent, par une clause expresse, être exemptés de la réserve des baliveaux, 161. Ils ne peuvent couper aucun baliveau, lors même qu'il s'en trouverait un plus grand nombre que celui porté au procès-verbal et dans l'affiche, 162. Voyez *Aménagement*.

Bandouilères. Voyez *Gardes généraux, Gardes particuliers*.

Billet de consentement. Voyez *Permis d'exploiter*.

Bithumes. Voyez *Mines*.

Bois abougris. Sont ceux qui ont été endommagés dans leur première croissance. Il est intéressant de les régénérer par un recépage, I, 112.

Bois abroutis. Ne peut croître qu'à la manière des buissons, si l'on n'y remédie par le recépage. Cependant on peut se dispenser de recéper le hêtre abrouti, I, 111.

Bois aliénables. Anciennes lois sur l'inaliénabilité des forêts domaniales. La loi du 23 août 1790 permettait l'aliénation de certains bois isolés, dont la contenance n'excédait pas cent arpens, II, 37. —Maintenant on peut aliéner les bois d'une contenance moindre de quinze milles ares, lorsqu'ils sont séparés et éloignés des forêts d'un kilomètre au moins. Il a été dressé dans chaque conservation un état des forêts non aliénables. Les forêts portées dans cet état ne peuvent être rendues aux émigrés radiés qui les possédaient; mais ils ont droit à une indemnité, 39.—On ne peut aliéner aucun bois possédé par le gouvernement, sans avoir consulté les officiers forestiers. Les ventes faites dans les formes prescrites doivent être maintenues. Lorsqu'il y a contestation sur la validité de la vente, l'acquéreur du bois qui en est l'objet ne peut y exploiter que les coupes ordinaires. La main-levée de séquestres posés sur des parties de bois aliénables, ne peut être prononcée que d'après une demande expresse, et ensuite de l'avis des officiers forestiers, 40. Objets qui sont considérés comme faisant séparation des forêts, 41. — Les arrêtés de main-levée de séquestre portent ordinairement que les bois continueront d'être sous la surveillance de l'administration forestière; conséquences qui en résultent, 42.

Bois communaux. Les maîtrises des eaux et forêts n'étaient chargées que d'une manière indirecte de la surveillance des bois appartenant aux communes, aux hospices et autres établissemens publics, II, 68. La loi du 29 septembre 1791 donna aux agens forestiers une part plus active au régime de ces bois. L'arrêté des consuls, du 19 ventôse an 10, a assuré leur conservation et leur restauration. Ils sont soumis au même régime que les forêts impériales, 69. —Il en est de même des arbres épars, des plantations sur les chemins et dans les cimetières, 70. Les bois communaux n'ont pu être partagés entre les habitans sans autorisation , *Ib.*—Devoir des officiers forestiers à l'égard des partages illicites et des usurpations qui viennent à leur connaissance. Les conseils de préfectures connaissent de ces matières, 71.—L'ordonnance de 1669 voulait que ces bois fussent abornés et arpentés dans l'espace de six mois. Cette mesure n'a pas été généralement exécutée, 74. — L'opération du cadastre parcellaire fournit un moyen de faire l'abornement et de se procurer le plan de ces forêts. Devoirs imposés aux officiers forestiers dans cette circonstance. Les communes peuvent prendre des arrangemens avec les ingénieurs du cadastre, pour obtenir d'eux le périmètre de leurs bois, 75. —Lorsque les circonstances l'exigent , on doit avoir recours aux arpenteurs forestiers. Conditions du traité à faire avec ces agens, lorsqu'il n'est question que de se procurer l'arpentage et le plan d'un bois communal, *ibid. et suiv.*—Autres conditions à imposer aux arpenteurs, s'il s'agit d'établir les divisions des coupes fixées par l'aménagement, 79. — Le quart de chaque bois communal

doit être mis en réserve pour croître en futaie.
Les trois autres quarts sont divisés en vingt-cinq
coupes, 81. Observations sur les nouveaux aménagemens à introduire. Réserve de baliveaux à faire
dans les coupes, 82. — Il ne peut être procédé à
aucun aménagement sans qu'il ait été autorisé par
un décret impérial, *ib.* Formalités pour obtenir cette
autorisation, 83. — Les coupes se divisent en ordinaires et extraordinaires, 85. — Les premières ont
lieu d'après un état fourni par le conservateur et
approuvé par le directeur général. Les demandes
de coupes extraordinaires sont faites au ministre
des finances ; elles doivent être remises, avant le
1er mai, à l'inspecteur local, si elles ont pour objet
des coupes de futaie, ou d'arbres dépérissans ou
des récépages, 86. — Si ces demandes ont pour
objet la coupe d'un quart de réserve, elles doivent
être adressées au préfet, qui donne son avis. Si les
communes négligeaient de demander les coupes
extraordinaires que nécessite l'état de leur bois, il
y serait suppléé par les officiers forestiers, 87. Procès-verbal de reconnaissance à dresser par l'inspecteur du bois dont la coupe extraordinaire est
demandée, 88. L'envoi de ce procès-verbal doit
être fait par le conservateur au directeur général,
qui sollicite l'autorisation nécessaire, et l'adresse
ensuite au conservateur, pour faire procéder aux
balivage et martelage, et à l'estimation de la coupe.
Un double des procès-verbaux de balivage et martelage est remis au maire, ainsi que du procès-
verbal d'adjudication, lorsque la vente a eu lieu,

89.—Si les communes sont dans l'usage de partager leurs coupes en nature, il doit être fait distraction d'une portion suffisante pour pourvoir aux frais de gardes et aux opérations administratives, 90. La coupe est délivrée au maire, qui en fait le partage aux habitans, après l'exploitation confiée à des gens choisis et aux frais de la commune, 91. — Les entrepreneurs de la coupe ne peuvent en commencer l'exploitation sans être munis d'un permis délivré par l'inspecteur. Ils sont tenus de se conformer aux dispositions de l'ordonnance, 92. Ils ne sont déchargés de l'exploitation qu'après le récolement de la coupe, 93. Les quarts de réserve et les recépages sont nécessairement mis en vente. — Les coupes ordinaires ne peuvent être mises en vente sans autorisation. Les chablis et bois de délits font toujours partie de la vente de l'ordinaire, 94. Les adjudicataires paient toujours comptant le décime pour franc du prix de toutes les ventes. L'adjudication est précédée et suivie des mêmes opérations qui ont été indiquées pour les forêts impériales. Exception à cette règle, 95 *et suiv.* Le conservateur forme, après la clôture des adjudications, un état général des ventes faites dans les bois communaux et d'établissemens publics, 98. Le martelage pour le service de marine a lieu dans les coupes de ces bois de la même manière que dans celles des forêts impériales. Les arbres marqués sont payés par le fournisseur, de gré à gré, ou à dire d'experts, 100. Devoirs des officiers forestiers et des contre-maîtres de la marine, relativement à ce martelage, 101 *et suiv.* Voyez *Baliveaux, Caisse d'amortissement, Chasse, Gardes communaux, Percepteurs à vie, Régie de l'enregistrement, Statistique, Vacations.*

Bois de délits. Voyez *Bois communaux, Officiers* et *Employés.*

Bois de la Légion d'honneur. Voyez *Engagement.*

Bois de marine. Voyez *Marine.*

Bois de particuliers. Régime auquel ils étaient soumis avant la révolution, II, 116. La loi du 29 septembre 1791 les a laissés entièrement à la disposition des propriétaires. Abus qui en sont résultés, I, 117.— Le gouvernement en a arrêté le cours par la loi du 9 floréal an XI. Dispositions de cette loi relativement aux défrichemens, 118 *et suiv.*— L'administration a intérêt à avoir une connaissance de ces bois. État statistique qui doit en être formé, 119. —Tout propriétaire a le droit d'avoir, pour la conservation de ses propriétés, un garde champêtre ou forestier ; mode de sa nomination et de sa réception. Cas où les bois de particuliers peuvent être surveillés par les gardes forestiers impériaux, 121.— Le martelage pour le service de la marine a lieu dans les bois de particuliers, taillis, futaies, lisières, parcs, et sur les arbres épars. Le propriétaire doit faire, six mois à l'avance, la déclaration des arbres qu'il se propose de couper, 122.— Objets de cette déclaration ; forme dans laquelle elle doit être faite, 123.— Le conservateur en prévient l'officier du génie maritime. Exécution du martelage; procès-verbal qui doit en être dressé; copies à en fournir par le contre-maître, 124. — Lorsque les bois déclarés ont été reconnus ne renfermer aucun arbre propre à la marine, le propriétaire obtient la permission de les couper. Le conservateur fournit tous les six mois l'état de volonté des déclarations d'abattre qui lui ont été faite, *ibid.*—La coupe des arbres martelés doit être faite avant le 15 avril par le propriétaire, *ibid.* —Le prix en est fixé de gré à gré ou à dire d'experts, 126; le paiement s'effectue avant l'enlèvement, qui ne peut être retardé plus d'un an après la coupe, 127. Les bois de bourdaine qui se trouvent dans les bois de particuliers, à la distance de quinze myriamètres des fabriques de poudres, sont à la disposition de l'administration générale des poudres. Exception à cette règle. Ces bois sont payés à raison de 30 centimes par chaque botte ou bourrée, 130. — Les usagers ne peuvent mener dans les bois de particuliers les bêtes à laine, chèvres, brebis et moutons; les autres bestiaux peuvent être introduits dans les quartiers déclarés défensables par les officiers forestiers, 131; ces parties défensables sont désignées chaque année dans un état approuvé par le conseiller d'état directeur général de l'administration. — Un particulier ne peut être empêché d'introduire ses bestiaux dans ses propres bois avant qu'ils soient défensables, à moins qu'il n'en résulte de graves abus, 132.

Bois de Sainte-Lucie. Affecte les terres argileuses et tenaces des pays tempérés, I, 120.

Bois des Sénatoreries. Voyez *Engagement.*

Bois incendiés. Doivent être recépés, à l'exception des taillis de chêne qui, pour avoir été brûlés, n'en poussent pas avec moins de vigueur, I, 112.

Bois tenus à titre révocable. Voyez *Engagement.*

Bois tenus par indivis. Le prix des ventes faites dans les bois indivis entre l'état et les communes ou particuliers doit être versé intégralement dans les caisses impériales, lorsque le droit du co-propriétaire n'est pas reconnu et déterminé avant la vente; dans tous les cas, le décime par franc est perçu sur le principal entier au profit du trésor public, II, 143. Voyez *Gruerie.*

Bornes. Voyez *Arpenteur.*

Bouleau. Ne craint pas les terrains un peu froids, I, 119.

Bourdaine. Ce bois doit être mis à part par les adjudicataires des coupes, converti en bottes, et représenté aux administrateurs des poudres, qui en paient le prix à raison de 30 centimes par chaque botte, I, 236. Voyez *Bois de Particuliers.*

Briqueteries. Voyez *Usines.*

C.

CADASTRE. Voyez *Bois Communaux, Géomètres du Cadastre.*

Cahier des charges. Est l'acte dans lequel sont consignées les charges, clauses et conditions sous les-

quelles les coupes de bois doivent être vendues. Il a
pour objet l'adjudication, l'exploitation, les arbres
de marine à livrer par les adjudicataires, et le récolement, I, 173. Il se compose de deux parties; la
première renferme les clauses générales communes à
toutes les ventes, 174; la seconde renferme les
clauses particulières que nécessitent les localités, et
ayant le plus souvent pour objet les délais pour la
coupe et la vidange, les travaux étrangers à l'exploitation, les mesures propres à prévenir les abus.
— Explications données à ce sujets, *ibid. et suiv.*—
Les clauses particulières doivent être proposées par
les officiers locaux, un mois avant la mise à prix;
elles sont écrites et autorisées à la suite du cahier
des charges par le conservateur, qui en envoie
copie à l'administration. — Lieux où doit être déposé le cahier des charges avant l'adjudication, 177.
Voyez *Exploitation, Frais d'Adjudication.*

Caisse d'Amortissement. Reçoit le prix des ventes extraordinaires faites dans les bois communaux et d'é-
tablissemens publics. Les fonds sont mis à leur disposition, sur une décision du ministre de l'intérieur, II, 97. Prélèvement de 25 pour 100 sur le
produit de ces coupes, pour travaux publics dans
tout l'Empire, 98. Voyez *Bois communaux.*

Cantonnement. Est le droit qu'a le propriétaire de se
faire délivrer une partie de la forêt, franche et quitte
de toute servitude, en abandonnant le reste en
compensation du droit d'usage qui s'exerçait sur la

totalité. Ce droit est aussi acquis à l'usager, II, 90.
Voyez *Droits d'Usage.*

Cautionnement. Voyez *Adjudicataire, Frais d'Adjudication.*

Certificateur de Caution. Voyez *Adjudicataire.*

Certificats-Mandats. Voyez *Traitemens:*

Cession. Voyez *Adjudicataire.*

Chablis. Sont les arbres qui ont été déracinés ou rompus au pied, I, 255. Devoirs des gardes et des officiers au sujet de ces arbres, 256. — On ne considère pas comme chablis les arbres dégradés, morts ou dépérissans, lorsqu'ils sont sur pied ou en *étant. Ib.* Il doit être procédé incessamment à la vente des chablis, 257. — Cas dans lesquels cette vente doit être faite en même tems que celle des coupes. *Ib.* Nature des paiemens, 259. Voyez *Bois Communaux, Menus Marchés, Officiers et Employés, Réserve.*

Charbon de pierre. Voyez *Mines.*

Charbon de terre. Voyez *Mines.*

Charretiers. Voyez *Adjudicataires.*

Chasse. Tout ce qui a rapport à la partie des chasses est dans les attributions du grand-véneur de la couronne. Les conservateurs des forêts reçoivent ses ordres à ce sujet, II, 43. Il accorde les permissions de chasse; formes dans lesquelles ces permissions sont délivrées, 45; leur durée, 46. Les maires des communes sont autorisés à affermer le droit de chasse dans les bois communaux, 72, à la charge de faire approuver la condition de la mise en ferme par le préfet et le

ministre de l'intérieur, 73. Voyez *Adjudicataires,
Chasse à Courre, Chasse à Tir, Gardes.*

Chasse à Courre. Les permissions de chasse à courre
sont accordées par le grand-veneur, de préférence
aux individus que leurs goûts et leur fortune peuvent mettre à même de contribuer à la destruction.
des animaux nuisibles, II, 47. La chasse à courre
ne peut être faite que depuis le 15 septembre jusqu'au 1er mars, *ibid.* Les personnes auxquelles ces
permissions ont été accordées acquièrent des droits à
leur renouvellement, en justifiant, devant le conservateur des forêts, qu'elles ont contribué à la destruction des animaux nuisibles, *ibid.*

Chasse à Tir. Les permissions de chasse à tir, accordées par le grand-veneur, commencent le 15
septembre et sont fermées le 1er mars. Manière dont
doivent en user ceux à qui ces permissions ont été accordées, II, 46.

Châtaignier. Habite exclusivement les sols sablonneux
non calcaires, I, 120.

Chauffage. L'ordonnance de 1669 prononce la suppression générale de ce droit. — Cas où il a été
accordé des indemnités à ceux qui en jouissaient,
II, 4. Voyez *Droits d'Usage.*

Chéne. Aime à enfoncer ses racines pivotantes dans les
terres fortes et profondes, I, 119. Se rencontre com-
munément sur la pente des montagnes avec le hêtre
et le noisetier, tandis qu'il craint le voisinage des
pins et des sapins, I, 120. Voyez *Clairières, Montagnes.*

Cheval. Voyez *Officiers et Employés.*

Cimetières. Voyez *Bois Communaux.*

Clairières. Sont des parties de forêts qui se trouvent dégarnies de bois, ou dans lesquelles il est clair semé. Lorsqu'elles sont absolument sans productions, elles prennent le nom de *places vides.* Si celles-ci sont d'une grande étendue, on les nomme *vaines et vagues,* I, 115. Les conservateurs doivent faire mention dans leurs procès-verbaux de toutes les places vides qu'ils trouvent dans l'enclos et aux rives des forêts. Ils ont fourni à l'administration un état des vides existans dans leur division, 116. Mais ils doivent dresser ou faire dresser des procès-verbaux des repeuplemens à exécuter; manière dont ces procès-verbaux doivent être rédigés. *Ib.* Les circonstances du sol font juger de la nature des plants à employer pour regarnir les clairières; et du genre de culture qui leur convient, 117. Elles doivent être desséchées au moyen de rigoles et fossés, si leur état est dû à la stagnation des eaux. Si les anciennes essences ont été détruites, il est bon d'y substituer des essences différentes, 118. L'essence qui s'est établie sans culture dans les terrains voisins et de même qualité, est à coup sûr celle qui convient le plus au sol que l'on destine à semer ou planter, 120. Il faut associer les arbres à racines pivotantes avec ceux dont les racines sont traçantes, *Ib.* — Les arbres dont la végétation est plus active, étouffent ceux qui croissent lentement à leurs pieds. — Les plus mauvais terrains, pourvu qu'il y croisse de l'herbe, sont susceptibles de donner des productions fores-

tières, 121. Manière de les ensemencer, 122.—Le repeuplement des clairières s'opère au moyen des
boutures, des rejetons, des provins, des jeunes
arbres tirés des pépinières, et à leur défaut, de ceux
extraits des forêts; il s'opère aussi par le semis des
glands, des faînes et autres graines forestières, *Ib.
et suiv.* Pour regarnir une clairière, il est avantageux
d'attendre qu'elle fasse partie d'une coupe en exploitation, 131. Ouvrages à consulter pour les semis et les
plantations, 132. Les clairières de petite contenance
doivent être repeuplées par les gardes, *Ib.* —
Moyens qu'ils doivent employer, 133 *et suiv.* Si les travaux de repeuplement sont trop considérables pour
être mis à la charge des gardes, on y pourvoit ou
par voie de concession ou de soumission, ou
par voie d'adjudication. Mesures à prendre pour y
parvenir, 135 *et suiv.* Voyez *Montagnes, Plantations, Repeuplement, Semis.*

Commandite. Voyez *Adjudicataire.*

Commis. Voyez *Adjudicataire.*

Commissions. Voyez *Administration.*

Compétence. Voyez *Bois Communaux.*

Concession. Voyez *Clairières, Engagement.*

Congé. Les congés de plus d'une quinzaine entraînent,
pour le tems qui excède, la perte du traitement, I,
6. Voyez *Officiers et Employés.*

Congé de Cour. Voyez *Adjudicataire.*

Conservateur des Chasses. Ce titre est donné par le
grand-veneur, d'après l'autorisation de l'Empereur,

II, 47. — Fonctions des conservateurs des chasses, 48.

Conservateur des Eaux et Foréts. Remplace le ci-devant grand-maître; correspond avec le directeur général; fournit aux préfets les renseignemens nécessaires, notamment pour ce qui concerne les bois communaux, I, 15. — La correspondance entre les préfets et le conservateur est franche de port. — Il donne, d'après l'invitation des préfets, son avis sur les pétitions dont l'objet a rapport aux matières forestières. *Ib.* Tient un registre de ses opérations, en envoie un bref extrait au directeur général à la fin de chaque trimestre, 16. Fait annuellement la visite des bois de son arrondissement. Objets de cette visite, 17 *et suiv.* — Recueille dans ses tournées tous les renseignemens qui peuvent servir de matériaux à la composition de la statistique forestière; en envoie un double à l'administration, 19. S'il était empêché de faire sa tournée, il serait suppléé par un inspecteur, 20. — Le conservateur a le droit de suspendre le traitement des officiers et employés négligens. *Ib.* Fournit, sur chaque employé, des notes destinées à former l'état de contrôle de l'administration. Consulté pour l'ordre des avancemens, 21. A le droit de suspendre tout garde général ou particulier coupable de prévarication ou de négligence notoire, *Ib.* — Lors de vacance de places des gardes généraux et particuliers, propose trois candidats au directeur général. *Ib.* Il remplit les fonctions d'inspecteur dans l'arrondissement du chef-lieu de sa résidence, 22. Quels sont les employés qu'en cette qualité il s'adjoint pour procéder aux opérations de balivage et martelage. — Il est établi près de chaque conservateur un garde général pour remplir les fonctions de secrétaire. — Le nombre des conservateurs ne peut excéder trente, *Ib.* Voyez *Inspecteurs, Officiers, Sous - Inspecteurs, Traitemens.*

Contrainte par corps. Voyez *Adjudication aux Enchères.*

Contrebande. Voyez *Gardes.*

Contrôle. Voyez *Conservateur.*

Coupe. Ce que l'on entend par ce mot. Les coupes sont ordinaires ou extraordinaires, I, 141. Aucune coupe ne peut être faite sans autorisation préalable, 142. — Etats à former des coupes adjugées. Observations relatives à la formation de ces états. *Ib. et suiv.* — L'adjudicataire ne doit rien entreprendre dans la coupe, sans avoir obtenu un permis d'exploiter, 205. Il est défendu de couper, en tems de sève, les bois adjugés, 208. Epoques auxquelles les coupes doivent être terminées, 209. Voyez *Adjudicataire, Coupes extraordinaires, Coupes ordinaires.*

Coupe à Tire-Aire. Voyez *Mode d'Exploitation.*

Coupes extraordinaires. Ne peuvent être faites qu'en vertu d'un décret impérial rendu sur le vu d'un procès-verbal transmis par le conservateur et accompagné de son avis. Un état de ces coupes doit être envoyé au directeur général avant le 1er mai. Renseignemens que doit présenter l'état des coupes extraordinaires, I, 144. Voyez *Bois Communaux, Coupes.*

Coupes ordinaires. Un état général en est formé chaque année avant le 1er mai, I, 142. — Cet état doit comprendre séparément les coupes qui se délivrent en nature, soit en vertu d'un bail, soit à titre d'affouage, 143. Lorsque cet état a été autorisé par le directeur général, un extrait certifié en est envoyé par le conservateur à chaque inspecteur, *ibid.* Voyez *Bois Communaux, Coupes.*

Courbes. Prime d'encouragement accordée aux adjudicataires pour chaque stère de courbes de marine, I, 229.

Cutellation. Voyez *Arpenteurs.*

D.

DÉCIME POUR FRANC. Voyez *Adjudications aux Enchères, Bois Communaux.*

Déchéance. Voyez *Adjudicataire.*

Défends. Est une portion de forêt que l'on destine à croître en futaie, I, 103. Cette mesure a été autrefois prescrite pour les forêts domaniales; elle n'a pas été généralement exécutée, 104.

Défrichemens. Voyez *Bois de Particuliers.*

Dépenses. Aucune dépense extraordinaire, telles que celles des réparations de bâtimens, fossés de clôture, semis, plantations, construction de chemins et autres améliorations, ne peut avoir lieu sans une autorisation expresse du ministre des finances ; formalités à remplir pour obtenir cette autorisation , I , 64. Voyez *Traitemens.*

Développement. Voyez *Arpenteurs.*

Directeur des Domaines. Voyez *Adjudication , Traitemens.*

Directeur général. Un conseiller d'état est nommé à cette place. — Travaille seul avec le ministre. — Préside aux délibérations des administrateurs réunis en conseil d'administration. — Présente les instructions générales à l'approbation du ministre des finances. — Il nomme aux emplois subalternes ; propose des candidats pour les places supérieures. — La franchise du contre-seing est attachée à sa place , I , 14. Voyez *Conservateur , Traitemens.*

Domestiques. Voyez *Adjudicataire.*

Domicile. Voyez *Surenchères.*

Droits d'Usage. Leur origine, II , 1. Ils se divisent en grands et petits usages. Les grands usages sont l'affouage, le maronage, le pâturage ou pacage, et le panage ; les petits usages consistent principalement à enlever les branches sèches , les bois morts et le mort bois, 2. Tous ces droits occasionnent la ruine des forêts, qui en sont grevées, 3. Ceux qui sont reconnus par les états arrêtés au ci-devant conseil d'Etat , sont maintenus, 5. La loi du 28 ventose an XI oblige les usagers non portés auxdits états, à représenter les titres qui établissent leurs droits. Les conseils de préfectures ont jugé de la validité de ces titres, après avoir pris l'avis des officiers forestiers, II, 6. Le délai pour la production des titres des usagers, a été prorogé de six mois par la loi du 7 ventose an XII; maintenant, tout prétendant droit d'usage qui n'a pas produit ses titres, est irrévocablement déchu, 7. L'administration a fait former des tableaux dans chaque conservation des droits d'usage, qui ont été reconnus fondés, et de ceux à raison desquels les réclamans ont été déboutés, 8. Le Gouvernement peut affranchir ses forêts de tous droits d'usage, soit en indemnisant les usagers, soit en les cantonnant, 10. Circonstances locales qui doivent être consultées par les officiers, avant de donner leurs avis en cette matière, 11. L'exercice des droits d'usage ne peut être étendu; il peut en tout tems être restreint par l'administration, suivant l'état et la possibilité de la forêt, 13. Le titre seul consacre les droits d'usage et en règle les charges, 14. Voyez *Affouage*, *Maronage*; *Mort Bois*, *Pâturage*, *Produits divers*.

E.

EAUX STAGNANTES. Voyez *Clairières*.

Echelles. Voyez *Plans*.

Eclaircies. Voyez *Mode d'Exploitation.*

Ecluses. Voyez *Arbres de Marine.*

Eglises. Voyez *Bois Communaux.*

Embrigadement. Voyez *Gardes Particuliers.*

Emigrés. Voyez *Bois Aliénables.*

Enchères. Sont réglées sur la mise à prix de l'hectare de la coupe à vendre, I, 184. Voyez *Adjudication aux Enchères.*

Encouragemens. Voyez *Dépenses.*

Engagement. Analyse des anciennes lois relatives aux bois tenus à titre de concession, engagement, usufruit, ou à tout autre titre révocable, II, 134 *et suiv.* — Aucun concessionnaire ou détenteur ne peut disposer des bois de haute futaie, non plus que des taillis recrus sur les futaies coupées ou dégradées, 136. Il en est de même des arbres de réserve de toute espèce. — Les coupes ordinaires de ces bois ne peuvent être avancées, retardées ni interverties. Ces coupes doivent être autorisées par l'administration, précédées et suivies des mêmes opérations que celles des forêts appartenant à l'Etat. Les concessionnaires et détenteurs ne peuvent disposer des chablis, arbres de délits, des amendes, restitutions et confiscations en provenant. — Ces dispositions de l'ordonnance sont applicables aux bois affectés à la dotation des sénatoreries et de la légion d'honneur, 137.

Engins. Voyez *Pêche.*

Enregistrement. Voyez *Adjudicataire, Certificats-Mandats, Frais d'Adjudication, Récolement.*

Ensemencement. Voyez *Semis.*

Éperon. Instrument terminé par un tranchant, dont

les gardes se servent pour le repeuplement des clairières, I, 134.

Erable. Affecte les terres argileuses et tenaces des pays
tempérés, I, 119.

Espurgarde. Voyez *Mode d'Exploitation.*

Estimation de chaque coupe, doit être faite en commun par les officiers qui ont procédé au balivage et
martelage ; elle ne doit être connue que de ces
officiers ; elle sert de mise à prix aux ventes, I, 172.
Voyez *Mise à Prix.*

Etablissemens publics. Voyez *Bois Communaux.*

Etat de Balivage et Martelage. Voyez *Martelage.*

Etibos. Voyez *Piquets.*

Etat d'Emargement. Voyez *Traitemens.*

Exécution parée. Voyez *Adjudication aux Enchères.*

Exploitation. Motif pour lequel il est ordonné aux
adjudicataires de couper les bois le plus près de
terre qu'il est possible. Cas dans lesquels cette
précaution est inutile, I, 212. — La coupe doit
être faite en talus et à la cognée. Les souches
et états des bois pillés et rabougris doivent être
ravalés. Les ronces, épines et autres arbustes nuisibles à la végétation, doivent être enlevés, 214 ;
pourquoi. — Les ventes doivent être coupées à
tire-aire, 215. Les adjudicataires peuvent être con-
traints à se conformer au cahier des charges, sans
attendre le récolement, 216. Il leur est libre de
donner à leurs bois la destination qu'ils jugent la

plus convenable, en se conformant aux réglemens, *ibid.* Voyez *Adjudicataire.*

F.

Facteur. Voyez *Garde-Vente.*

Faîne. Voyez *Glands.*

Faude. Voyez *Places à Charbon.*

Faux-Ventis. Voyez *Arbres de Délits.*

Feu. Les adjudicataires ne peuvent allumer du feu que dans leurs loges et ateliers. L'emplacement de ces loges est désigné par les officiers, I, 221. Voyez *Bois incendiés.*

Filets. Voyez *Péche.*

Fleuves. Voyez *Rivières navigables.*

Foaine. Voyez *Panage.*

Folle Enchère. Voyez *Adjudicataire.*

Fonds de Retraite. Voyez *Traitemens.*

Fossés. Voyez *Adjudicataire, Clairières.*

Fossés de Clôture. Leur importance, I, 94. Mesures anciennement adoptées pour faire entourer les forêts de fossés; leur exécution, I, 95. — Les fossés sont à la charge des particuliers dans toute l'étendue de leurs bois joignant les forêts impériales. — Le ministre de l'intérieur pourvoit à l'ouverture des fossés le long des chemins publics et des domaines nationaux. — Les fossés séparatifs des parties de forêts aboutissant à des propriétés particulières qui ne sont point en nature de bois sont faits et entretenus à frais communs par les propriétaires et par l'administration. Elle oblige les adjudicataires à ouvrir ou réparer ceux qui se trouvent autour des coupes vendues , 97 ; lorsqu'ils sont très-étendus , elle y pourvoit par voie d'adjudication, 98. Préalables à remplir de la part des officiers forestiers dans ce dernier cas , *Ib.*

Four à Chaux. Voyez *Usines.*

Frais d'Adjudication. Ont pour objet les droits de timbre et d'enregistrement des actes et procès-verbaux ; l'impression des affiches, du cahier des charges et des procès-verbaux d'adjudication , les publications, bougies et criées , I , 191 ; les expéditions du procès-verbal d'adjudication, l'extrait à fournir à l'adjudicataire du procès-verbal de son adjudication et du cautionnement; l'expédition du plan et du procès-verbal d'assiette de la coupe , font aussi partie des frais à la charge des adjudicataires , 194.

Frêne. Réussit dans les terrains frais, I , 119.

Futaie. Il y a des cas où il convient d'obliger les adjudicataires à enlever la culée des arbres, I , 213. Voyez *Adjudicataire , Age des coupes , Aménagement , Baliveaux.*

G.

Garde à cheval. L'administration établit quelquefois un garde à cheval dans les forêts de haute-futaie ; motifs pour lesquels elle s'y décide, I, 51.

Gardes champêtres, qui se distinguent dans leurs fonctions, doivent être désignés à l'administration pour être appelés aux fonctions de gardes forestiers, I, 48. Voyez *Gardes particuliers.*

Gardes communaux. Sont nommés par le conseil général de la commune. Qualités qu'ils doivent réunir, II, 108. — Le conservateur leur délivre une commission qui est visée par le directeur général de l'administration. Leur traitement est réglé par une délibération du conseil général de la commune. En cas de refus ou négligence de nommer un nombre suffisant de gardes, et de leur allouer un traitement convenable, il y est pourvu par l'administration, 109. — Cas dans lesquels la surveillance des bois communaux peut être confiée aux gardes champêtres, ou à un garde forestier impérial.—Les gardes communaux et d'établissemens publics ne reçoivent d'ordres que de l'administration, 110.—Elle seule a le droit de les destituer. Ils acquièrent des droits à être placés de préférence dans l'administration forestière, 111. Ils portent une bandoulière, et sont munis d'un marteau aux frais de la commune, 112. Le salaire des gardes communaux de tout grade doit être ajouté aux centimes additionnels des contributions des communes, lorsqu'elles n'ont ni revenus ni affouages suffisans pour l'acquitter, 113. Formalités nécessaires pour obtenir cette imposition. — L'emploi de son produit à la fin de chaque trimestre, 114.—Fonctions des gardes généraux et particuliers attachés aux bois des communes et des établissemens publics, 114. Voyez *Gardes particuliers.*

Gardes de particuliers. Voyez *Bois de particuliers.*

Gardes généraux. Ont une inspection qui s'étend sur la totalité des bois de leur cantonnement. Surveillent les gardes particuliers, leur prête main-forte ; font toute sorte de rapports et de captures. Ils résident dans le lieu fixé par leur commission ; I, 34. Ne peuvent s'absenter sans une permission, qui ne peut excéder dix jours ; ont un registre coté et paraphé, sur lequel ils inscrivent leur travail de chaque jour ; en envoient chaque mois un double au sous-inspecteur. — Font une tournée générale chaque mois ; vérifient les livres journaux des gardes ; visitent leurs triages ; se mettent à la tête des gardes pour dissiper les rassemblemens et arrêter les délinquans, 35. Comme premiers gardes, ils ont les mêmes obligations à remplir que les gardes particuliers ; ils peuvent aussi suppléer les officiers dans toutes les opérations prescrites par le cahier des charges. — Ils accompagnent dans leur cantonnement les officiers en tournée ou en cours d'opérations. — Leur nombre ne peut excéder cinq cent. — Leurs fonctions et remises relatives au recouvrement des amendes, 36 *et suiv.* Voyez *Conservateur, Gardes communaux, Inspecteurs, Officiers et Employés, Sous-inspecteurs, Traitemens.* Voyez aussi le *Supplément* à la fin du volume.

Gardes particuliers. Sont vêtus comme ils le jugent

convenables, I, 9 ; mais ils portent toujours la bandoulière. Forme et entretien de cette bandoulière,
10. — Doivent être choisis parmi les hommes
probres, braves et intelligens, sachant lire et écrire,
47, ou au moins signer, 48. Résident dans le lieu
qui leur est indiqué par le conservateur. En
cas d'empêchement par maladie, ils avertissent leurs
supérieurs, qui les font suppléer. Ne peuvent s'absenter sans une permission, qui ne peut excéder cinq
jours. Ils ont le droit de porter un fusil simple.
L'arme qui leur convient le plus est une cara-
bine, 49. Ils sont dispensés du service de la garde
nationale. Leur nombre ne peut excéder huit
mille. Nul ne peut être attaché à la garde d'une forêt,
sous quel titre que ce soit s'il n'est muni d'une
commission du directeur général, 50. Partout où
trois ou cinq gardes peuvent se rassembler facilement, le conservateur fait d'eux une sorte d'embrigadement dont il nomme le chef. Différentes
sortes de fonctions des gardes. Fonctions administratives proprement dites, 51 ; fonctions administratives de police, 53. Les gardes impériaux
communaux et d'établissemens publics seront
organisés en un seul corps, sous le titre de garde
forestière. Le corps de la garde forestière pourra
être employé comme celui de la gendarmerie, notamment pour la recherche et l'arrestation des
vagabonds rôdant dans les forêts, 55. La connaissance
de violences et voies de fait exercées contre eux,
est de la compétence des cours de justice criminelle spéciale, 56. Récompenses proposées aux

gardes qui s'occupent avec zèle du repeuplement des clairières, 132. Voyez *Conservateur, Eperon, Gardes champêtres, Inspecteurs, Officiers et Employés, Repeuplement, Traitement.*

Gardes pêche. Toute personne ayant le droit de pêche peut établir des gardes pêche, à la charge d'obtenir l'approbation du conservateur des eaux et forêts. Ces gardes, inscrits sur les registres de la conservation, sont surveillés par les officiers. L'administration établit aussi des gardes pêche pour veiller à l'exécution des réglemens, II, 67. Voyez *Pêche, Traitement.*

Garde vente. Nommé par l'adjudicataire, est reçu par le juge de paix. Ses fonctions, I, 206. — Dans les coupes de taillis de peu d'étendue, elles peuvent être remplies par un des ouvriers de l'adjudicataire, 207. Voyez *Adjudicataire.*

Géomètres du cadastre. Indications qui leur sont données par les officiers forestiers. Après la reconnaissance et le réglement des limites, le géomètre procède à l'arpentage et levée du plan. Ces opérations ne peuvent être retardées, I, 82. Ce qui doit être fait si une forêt est située sur le territoire de deux communes ou de deux départemens, 83. — Il est défendu aux géomètres d'ouvrir des laies dans les forêts; mais les contrevenans ne peuvent être poursuivis sans une autorisation du ministre, 84. — Levé du plan des forêts impériales par ces géomètres, 85. — Il leur est alloué une prime de dix centimes par hectare de forêts impériales qu'ils ont à décrire, et indépendamment de cette prime, deux francs pour les parties de bois non contiguës qui ont moins de cinquante hectares, 87. Voyez *Abornement, Arpentage, Limites*.

Glandée. Voyez *Panage*.

Glands. Dans les années d'abondance, les gardes doivent amasser la plus grande quantité possible de glands et de faînes. Les officiers sont autorisés à employer à cette récolte d'autres personnes que les gardes, et à en régler économiquement la dépense. Manière de conserver les glands, I, 129. Voyez *Clairières, Semis*.

Gords. Les gords et pêcheries, établis sous les arches des ponts ou dans le lit des rivières, peuvent faire partie des baux à ferme de la pêche, II, 60.

Grand-veneur de la couronne. Voyez *Chasse, Louveterie*.

Grairie. Voyez *Gruerie*.

Gruerie. En quoi consistent les droits de gruerie, grairie, ségrairie, tiers et danger, II, 139. Quels sont ceux qui n'ont point été supprimés, 140.—Les forêts qui en sont passibles sont soumises au régime forestier. Quels sont les produits qui tournent respectivement au profit de l'état et des possesseurs, 141.—Ces bois doivent être arpentés, figurés et décrits, aux frais des parties intéressées, chacune suivant sa portion dans les produits, 142.

H.

Harts. Pour lier les bois de débit, ne peuvent être pris que dans la coupe ; si elle n'en contient pas un assez grand nombre, l'adjudicataire se fait autoriser à en couper dans les triages voisins, et en paie la valeur d'après l'estimation, I, 220.

Haute taille. Voyez *Age des coupes.*

Hêtre. Se plaît dans un terrain léger et facile à diviser, I, 119. Voyez *Montagnes.*

Hospices. Voyez *Bois communaux.*

I.

Incendie. Voyez *Bois incendiés.*

Indemnités. Voyez *Traitement.*

Inspecteurs. Doivent résider dans le lieu qui leur est fixé par leur commission, I, 5. — Succèdent aux ci-devant maîtres particuliers. Correspondent avec le conservateur, et par son intermédiaire avec les autorités qui les consultent. Remettent chaque mois au conservateur l'extrait de leur livre journal, 26. Font en décembre et janvier une tournée générale ; une autre en juin et mois suivans, en même tems qu'ils procèdent aux balivages et martelages ; arrêtent dans leurs tournées les registres des sous-inspecteurs et gardes généraux ; envoient au conservateur un double de leur procès-verbal de tournée. Ils accompagnent le conservateur dans leurs arrondissemens respectifs ; font dans leurs tournées la revue des gardes, 27 ; s'informent de leur conduite ; se font remettre chaque mois, par les sous-inspecteurs et les gardes généraux un double de leur livre journal ; fournissent au conservateur tous les renseignemens dont il a besoin. Leur nombre dans tout l'empire. La moitié des places de ce grade est affectée aux officiers retirés du service. Fonctions des inspecteurs relativement au recouvrement des amendes, 28 *et suiv.* Voyez *Conservateur, Directeur général, Officiers, Officiers retirés, Sous-inspecteurs, Traitement.*

Inspecteurs généraux. Leur nombre peut être porté à douze. Mode de leur nomination. N'ont point d'arrondissement permanent ; s'assurent, près des agens de tout grade, de la régularité du service ; visent et arrêtent leurs registres. Ils se rendent sur les coupes usées et récolées, en font la vérification, I, 23. — Parcourent les forêts triage par triage, en reconnaissent l'âge, l'aménagement, les essences ; observent les ressources qu'elles présentent pour le service des grands ports ; indiquent les améliorations dont elles sont susceptibles. — Ils étendent leurs soins sur les cantonnemens de pêche. — Il leur est délivré un registre où ils inscrivent, jour par jour, les actes qu'ils ont faits, 24 ; sont responsables des abus et malversations dont leur procès-verbal ne se trouverait pas chargé. — Leur mission est toute d'observation. Ils surveillent les opérations forestières, sans s'immiscer

dans aucune; ils vérifient ce qui n'aurait pu
l'être par les conservateurs, à cause de la multi-
plicité de leurs opérations, 25. Voyez *Traitement*.

Inspecteurs principaux. Leurs fonctions. Il a été
sursis à la mise en activité de ces officiers, I, 3.
Voyez *Traitement*.

Inventaires. Voyez *Archives*.

J.

Jardinage. Voyez *Martelage, Mode d'exploitation*.

L.

Laies. Voyez *Adjudicataires, Arpentage des coupes*.

Lettres d'afforestement. Voyez *Permis d'exploiter*.

Licence de pêche. Voyez *Rivières navigables*.

Liens. Voyez *Harts*.

Limites des Forêts. Sont souvent inconnues. Quelle
en est la cause, I, 73. Pour les déterminer, deux
opérations sont nécessaires; savoir : la reconnaissance préparatoire de ces limites 75, et leur réglement. Mesures à prendre, par les officiers,
pour la reconnaissance préparatoire des limites,
concurremment avec les riverains. Interven-
tion d'un arpenteur forestier, le cas échéant. —
Réglement des limites, 76. Manière d'y parvenir, 77.
Cas dans lesquels les difficultés relatives à cette
opération sont de la compétence du conseil de pré-

fecture , 79. Les limites sont fixées provisoirement
par des piquets. Frais relatifs à l'abornement défi-
nitif, 80. Voyez *Abornement*, *Arpentement*.

Livre - Journal. Voyez *Conservateur*, *Inspecteurs*,
Sous-Inspecteurs.

Loges. Voyez *Ateliers*.

Louveterie. Est dans les attributions du grand-veneur de la couronne. Il donne des commissions honorifiques de capitaine-général, de capitaine et de
lieutenant de louveterie. Ces commissions sont renouvelées tous les ans, II, 50. Les officiers forestiers reçoivent les ordres du grand-veneur pour
tout ce qui a rapport à la louveterie, 51. Réglement du grand-veneur sur l'organisation de la
louveterie. *Ibid. et suiv.*

M.

MAJORATS. Les bois qui en dépendent sont surveillés
par l'administration, II, 145. En quoi consiste cette
surveillance, *ibid*.

Marine. Voyez *Arbres de Marine*, *Bois Communaux*,
Bois de particuliers, *Merrain de Marine*.

Maronage. Est la faculté qu'ont les usagers de se faire
délivrer les arbres pour la construction et les réparations de leurs bâtimens, II, 2. — L'ordonnance
de 1669 prononce la suppression de ce droit. Cas
dans lesquels les possesseurs doivent être indemnisés, 4. — Règles qui doivent être observées dans
l'exercice de ce droit, 17. Voyez *Droits d'Usage*.

Marteau. Empreinte que doivent porter les divers marteaux, I, 6. — Greffes dans lesquels ils doivent être déposés. — Forme des marteaux pour chaque grade, 7.

Marteau impérial. Porte pour empreinte l'aigle impérial et le numéro de la conservation, I, 7. Cette empreinte est déposée aux greffes des cours d'appel et aux tribunaux de première instance. — Le marteau impérial doit être déposé, hors le tems des opérations, chez le premier officier de l'arrondissement, dans un étui fermant à trois clés, 8. Voyez *Adjudicataire , Martelage , Officiers et Employés.*

Martelage. Est l'application d'un ou plusieurs marteaux à certains arbres pour les faire reconnaître, I, 157.—Il y a deux sortes de martelages ; l'un de réserve , l'autre d'exploitation. Le premier s'opère par l'empreinte de trois marteaux sur les pieds corniers, tournans et parois, 158, et par la seule empreinte du marteau impérial sur les baliveaux, 160. Le martelage d'exploitation se fait sur les arbres qui doivent être coupés en jardinant, 162. Il donne lieu à deux opérations, l'une s'appelle *martelage d'assiette*, l'autre *martelage de délivrance.* But de ces deux opérations, 163. L'inspecteur dresse un procès-verbal de chaque opération de balivage et martelage ; en envoie deux doubles au conservateur, l'un desquels est transmis, par ce dernier, à l'administration, avec un état de balivage et martelage, 164. Cet envoi doit avoir lieu avant l'apposition des affiches, 165. Les officiers sont dispensés de faire le martelage des arbres à exploiter en jardinant dans quelques forêts escarpées des Monts Pyrénées. Mesures à prendre pour suppléer à cette opération, 176. Voyez *Balivage*, *Marine.*

Martinets. Voyez *Usines.*

Mélèze. Voyez *Arbres Conifères.*

Menus-Marchés. Si l'estimation des chablis et arbres de délits n'excède pas la valeur de deux cents fr., la vente en est considérée comme menu marché; elle a lieu devant la municipalité de la situation des bois, en vertu d'une délégation expresse du préfet ou du sous-préfet, I, 258. Le conservateur envoie à l'administration, à la fin de chaque exercice, un état des menus-marchés qui ont eu lieu dans l'année, 259.

Merrain de Marine. Les arbres marqués par les agens de la marine avant l'adjudication, pour être convertis en merrain, doivent être conservés par l'adjudicataire, I, 232. Manière de mesurer ces arbres. Prix auquel ils doivent être payés ; nature des paiemens, I, 233. — Dans quel cas l'adjudicataire peut disposer des arbres marqués pour merrain. Transport qu'il doit en faire hors de la forêt, 234. Voyez *Arbres de Marine.*

Militaires retirés. Leurs droits aux emplois forestiers, 1, 4. Quels sont ceux qui peuvent prétendre aux places d'inspecteurs, 28, de sous-inspecteurs, 33, de gardes généraux, 36, de gardes particuliers, 47.

Mines. Les mines, minières, bitumes, charbons de terre ou de pierre et pyrites, ne peuvent être exploitées que du consentement et sous la surveillance du Gouvernement. Formalités auxquelles sont tenus les demandeurs en concession, II, 3o.

Minières. Voyez *Mines.*

Ministre des finances. Voyez *Directeur général.* .

Miroir. Voyez *Plaquis.*

Mises à prix. Sont les offres que font les marchands avant l'ouverture des feux ; elles sont arbitraires ; on n'en fait pas mention dans le procès-verbal, I, 182. La mise à prix qui atteint l'estimation faite par les officiers forestiers , est inscrite au procès-verbal et devient la première enchère. A défaut d'offres , ou dans le cas où elles sont insuffisantes, adjudication est renvoyée, suivant les circonstances , à quinzaine ou à l'ordinaire suivant , 183. Nulle personne inconnue ne peut faire une mise exagérée, qu'autant qu'elle a fourni à l'instant caution et certificateur de caution, 184. Voyez *Estimation.*

Mode d'Exploitation. On connaît trois modes d'exploiter les bois, savoir : la coupe à tire-aire, la coupe par pieds d'arbres en jardinant, et les coupes par éclaircies ou espurgades. Le premier de ces modes est le seul autorisé par les anciennes lois, I, 101, le second est permis dans certaines forêts par les lois nouvelles; aucun réglement ne fait mention du troisième, I, 102.

Modernes. Voyez *Baliveaux.*

Moins de Mesure. Voyez *Adjudicataire*, *Produits divers*, *Sur-Mesure.*

Montagnes. Ne produisent point de grands végétaux au-delà de 2000 mètres au-dessus du niveau de la mer. Les pins et les sapins se trouvent immédiatement au-dessous de cette hauteur; ils semblent protéger les hêtres. Ceux-ci sont au-dessus des forêts de chêne, I, 119. Voyez *Semis.*

Mort Bois. On appelle ainsi le bois de peu de valeur, tels que les saules, marsaux, épines, puines, seurs, aulnes, genêts, genevriers et ronces, II, 3. Voyez *Droits d'Usage.*

Moulins à Scie. Voyez *Usines.*

O.

Officiers et Employés. Qualités qu'ils doivent réunir, I, 4. Prestation de serment à laquelle ils sont obligés. — Leur commission doit être enregistrée au tribunal de première instance, 5. Ne peuvent s'absenter de leur arrondissement respectif sans congé. — Sont tenus d'avoir à leurs frais un registre ou livre - journal, un sommier de correspondance et un marteau particulier, pour la marque des bois de délits et chablis abattus,

6. Uniforme déterminé pour chaque grade. Les conservateurs, inspecteurs, sous-inspecteurs et gardes généraux, sont tenus d'avoir un cheval pour leur service, et de se montrer revêtus de leur uniforme dans l'exercice de leurs fonctions, 10. Il y a toujours trois employés présens aux opérations, outre le garde du triage. — Exception à ce sujet. Ils jouissent d'un traitement fixe, 11, et ne peuvent recevoir aucune autre rétribution. Ils ne peuvent cumuler des fonctions sédentaires, telles que celles de notaire, etc. Ne peuvent tenir hôtellerie, ni exercer ou faire exercer aucun métier à bois, 12. Leurs fonctions sont de trois sortes, 13. Voyez *Traitement*.

Officiers retirés. Voyez *Militaires retirés.*

Offres. Voyez *Mise à prix.*

Opérations. Voyez *Officiers et Employés.*

Orme. Réussit dans les terrains frais, I, 119.

Ouïe de la Cognée. S'étend à 366 mètres des coupes de futaie, et à 183 autour des taillis, I, 222. Voyez *Adjudicataire, Souchetage.*

Outre-passe. L'arpenteur chargé du réarpentage d'une coupe doit mesurer les outre-passes qu'il découvre avoir été faites par l'adjudicataire, et en charge son procès-verbal, I, 249.

Ouvriers. Ne peuvent recevoir, de l'adjudicataire, du bois en paiement de leurs salaires. Ne peuvent ramasser des feuilles et semis, I, 220.

P.

Paçage. Voyez *Pâturage.*

Panage. Est le droit qu'a l'usager de mener ses porcs dans une forêt pour s'y nourrir de glands et de faînes ; ce droit s'appelle *glandée*, *wine et pâture*, lorsqu'il consiste dans la faculté de profiter du gland ; s'il s'applique à la faculté de faire manger la faîne, il se désigne par le nom de *foaine*, ou *paisson de faîne*, II, 2. Ce droit ne peut s'exercer que dans les quartiers déclarés défensables, 24. — Observations qui doivent diriger les officiers dans la désignation de ces quartiers. — Charges et conditions imposées par les lois, aux usagers qui jouissent du droit de panage, 25. — Circonstances dans lesquelles on fait l'adjudication des glandées et paissons. — Formes dans lesquelles on procède à cette adjudication, 27. Réserves à faire dans le cahier des charges lorsque la forêt est grevée du droit de panage. — Tems auquel l'adjudicataire et les usagers peuvent mener leurs porcs en panage, 28. Voyez *Droits d'usage, Produits divers.*

Paisson de Faîne. Voyez *Panage.*

Papiers. Voyez *Archives.*

Parois. Sont des arbres destinés à marquer les limites d'une coupe dans la longueur d'une ligne. Ils doivent être marqués du marteau de l'arpenteur, du côté de la coupe, I, 153. Voyez *Témoins.*

Pâtres. Voyez *Adjudicataire.*

Pâturage. Est le droit qu'a l'usager de faire paître son bétail dans une forêt, II, 2. Ce droit est maintenu, s'il est reconnu dans les états arrêtés au ci-devant conseil d'état, 5. — Règles relatives à l'exercice de ce droit, 19 *et suiv.* — Charges et conditions imposées par les lois aux usagers qui jouissent du droit de pâturage, 23. Voyez *Bois Communaux, Bois de particuliers, Droits d'usage, Produits divers, quartiers défensables.*

Pêche. L'abolition des droits exclusifs de la pêche est irrévocable à l'égard des particuliers, quels que soient leurs titres, II, 56. La police, la surveillance et la conservation de la pêche, sont confiées aux officiers et préposés de l'administration forestière, 57. Nul ne peut exercer le droit de pêche qu'en se conformant aux lois et réglemens rendus sur cette matière, 64. Les filets employés à la pêche doivent être scellés en plomb, d'un sceau portant l'écusson des armes de l'Empire, 66. Voyez *Gardes Pêche, Rivières navigables, Ruisseaux.*

Pêcherie. Voyez *Gords.*

Pépinières. Deux manières d'en établir dans les forêts; la première consiste à confier la préparation du terrain aux soins intéressés d'un cultivateur, pour être exploité par lui, à son profit, en totalité, et rendu ensemencé dans un délai déterminé, I, 137. — La seconde manière consiste à donner la pépinière à l'entreprise à prix d'argent, par voie de soumission. — Modèle du cahier des

charges relatif à ce genre d'amélioration, 138. Voyez
Améliorations.

Percepteurs à vie des Communes. Reçoivent le prix
des ventes ordinaires des bois communaux, II, 96.
— Ils ont en cette partie les mêmes attributions que
les receveurs généraux à l'égard des bois impériaux, *ibid.*

Permis d'exploiter. Se délivre par l'inspecteur à l'adjudicataire ; ce que doit faire celui-ci pour l'obtenir
I, 204.

Pertuis. Voyez *Arbres de Marine.*

Pétitions. Voyez *Conservateur.*

Peupliers. Les terrains frais leurs conviennent, I, 55.

Peuplier-Blanc. Ne craint pas un terrain un peu froid,
I, 55.

Pieds-Corniers. Sont des arbres destinés à fixer les
limites d'une coupe sur les angles sortans ; ceux qui
se trouvent dans les angles rentrans prennent le
nom de tournans, I, 153. — Les uns et les autres
doivent être marqués près de terre sur deux faces du
marteau de l'arpenteur, *ibid.* Voyez *Témoins.*

Pins. Voyez *Arbres conifères, Montagnes.*

Piquets. Voyez *Témoins.*

Places à charbon. Doivent être désignées aux adjudi-
taires par les officiers qui en dressent procès-verbal.
Quels sont les endroits où il convient de les placer,
I, 221.

Places vaines et vagues. Voyez *Clairières.*

Places vides. Voyez *Clairières.*

Plans des Coupes. L'arpenteur doit dresser le plan de la coupe mesurée. Manière d'orienter les plans , I, 254.—Circonstances du terrain qui doivent y être décrites; indications qu'ils doivent présenter pour en faciliter la vérification; échelles sur lesquelles ils doivent être dressés, 155.—L'arpenteur doit, après ses opérations, fournir à l'inspecteur trois expéditions des procès-verbaux et plans; il joint à ces pièces l'état des rétributions qui lui sont dues. 156. Voyez *Frais d'adjudication , Réarpentage.*

Plans des Forêts. Les plans à lever doivent reposer sur trois bases principales savoir : l'uniformité de dispositions, l'uniformité d'échelles et le rattachement à des points pris hors du terrain mesuré, I, 85. Voyez *Archives*, *Arpenteurs*, *Géomètres du Cadastre.*

Plantation. Voyez *Bois communaux, Clairières, Dépenses.*

Plaquis. Sont des entailles faites par l'arpenteur sur les pieds-corniers, tournans et parois, destinées à recevoir l'empreinte du marteau impérial et de celui de l'officier qui a fait l'assiette, I, 154.

Port d'armes. Voyez *Gardes.*

Port franc. Voyez *Conservateur, Directeur général.*

Ports de lettres. Voyez *Traitemens.*

Poudres. Voyez *Bourdaine.*

Préfet. Voyez *Adjudication*, *Affiches*, *Conservateur*, *Menus Marchés*, *Surenchères.*

Prix de Feuille. Est l'indemnité que l'adjudicataire en retard d'exploiter est tenu de payer au gouvernement, II, 35. Voyez *Produits divers.*

Produits divers des Bois. En quoi ils consistent, II, 35. —Etats qui doivent en être fournis, 36.

Promenades publiques. Les arbres qui s'y trouvent ne sont point soumis au régime forestier; leur disposition est dans les attributions du préfet, II, 70.

Prorogation de délai. Voyez *Adjudicataire.*

Pyrites. Voyez *Mines.*

Q.

QUARTIERS défensables. Sont ceux dans lesquels les usagers peuvent mener leurs bestiaux, d'après les états formés par les officiers forestiers, et approuvés par le directeur général, sur l'avis du conservateur, II, 20. Observations qui doivent guider les officiers forestiers dans la désignation des quartiers défensables, 21 et *suiv.*

Quarts de réserve. Il se fait sur le produit des quarts de réserve un prélèvement de vingt-cinq pour cent pour former un fonds commun de travaux publics pour tout l'Empire, II, 98. Voyez *Bois communaux, Caisse d'amortissement.*

R.

Réarpentage. Doit être fait en présence de celui
qui a fait l'arpentage, par un arpenteur désigné par
le conservateur. L'adjudicataire doit y être appelé ;
il peut y faire trouver un autre arpenteur à ses frais. Le
réarpentage se fait avant ou pendant le récolement
sous les yeux d'un officier et du garde général, I,
148. Manière d'y procéder. — Il doit être dressé un
plan du réarpentage, d'après le mode et sur la même
échelle que celui de l'assiette ; indications qui doit
contenir, 250. Voyez *Adjudicataire, Outre-passe.*

Recépage. Consiste à couper un bois près de terre pour
lui faire pousser des jets nouveaux plus forts et plus
multipliés par les précédens. Espèce de bois sur lesquels il s'opère, I, 111. — On y procède en abattant
tout, ou en réservant les brins les plus sains et les
mieux venans, 112. Suivant la valeur des bois à recéper l'adjudication s'en fait aux enchères, ou au rabais.
Lorsque les quartiers de bois à recéper ne doivent
pas faire partie des ventes dont le tour d'exploitation
est prochain , les officiers en dressent procès-verbal;
détails dans lesquels ils doivent entrer dans ce procès-verbal, 113. L'envoi en est fait au directeur général
qui obtient l'autorisation nécessaire 114. Voyez *Bois
abougris, Bois abroutis, Bois communaux, Bois incendiés, Semis.*

Récolement. Définition de cette opération, I, 238.
— On y procède dans les deux mois qui suivent le

délai accordé pour la vidange des coupes, 239. L'adjudicataire doit être sommé de s'y trouver. En cas de négligence de la part des officiers, l'adjudicataire fait ses diligences pour les constituer en demeure, 240.— Personnes qui doivent assister au récolement, procès-verbaux et pièces qui doivent être représentés à l'officier qui procède, 242.—Il visite la coupe, en examine les limites, l'intérieur et l'extérieur. Objets qui doivent fixer son attention dans cette visite 243. — Saisie à faire des bois qui n'ont point été coupés et vidés dans les délais prescrits. Second souchetage le cas échéant, 244; but de cette opération. — Il doit être dressé procès-verbal du récolement, 245 ; droits de timbre et d'enregistrement auxquels est soumis ce procès-verbal, 246; il doit être envoyé double au conservateur. Etat de balivage, martelage et de récolement à fournir à l'administration, 247. Voyez *Adjudicataire*.

Régie des domaines. Est chargée du recouvrement des produits, pour en faire le versement, I, 4.—Est aussi chargée du recouvrement du prix des adjudications de toutes les coupes extraordinaires faites dans les bois communaux et d'établissemens publics, II, 96. Voyez *Bois communaux, Frais d'adjudication, surmesure, Traitemens.*

Registre. Voyez *Conservateur, Officiers et Employés.*

Receveur du domaine. Voyez *Adjudication aux Enchères.*

Receveur général du département. Voyez *Adjudication aux Enchères.*

Récompense en bois. Voyez *Adjudicataire.*

Réfractaire. Voyez *Gardes.*

Répartitions. Voyez *Dépenses.*

Repeuplement. Voyez *Clairières, Semis.*

Réserve. Les adjudicataires sont tenus de réserver les arbres marqués de l'empreinte du marteau impérial. Dans les taillis où il n'a pu être marqué de baliveaux de l'âge, on doit en réserver cinquante par hectare, I, 217.—Si les arbres marqués en réserve se trouvent cassés ou abattus, il est pourvu à leur remplament sur l'avis qu'est tenu d'en donner l'adjudicataire 218. Ces arbres doivent être vendus comme chablis. Les arbres de réserve qui se trouvent encroués sont délivrés à l'adjudicataire, après estimation faite par l'officier forestier, 219. Voyez *Baliveaux.*

Retenue. Voyez *Traitement.*

Rétributions. Voyez *Plans des Coupes, Traitement.*

Rétrocession. Voyez *Adjudicataire.*

Rigoles. Voyez *Clairières.*

Rivières navigables. On ne doit considérer comme navigables que les rivières qui portent bateau, II, 57. — On ne peut y pêcher qu'en vertu d'un bail à ferme ou d'une licence. Ce que l'on entend par licence; quels sont les cantonnemens de pêche auxquels elle est applicable.—Comment s'obtiennent les licences; formalités dont elles doivent être revêtues, 59. — *Voyez le Supplément à la fin de ce volume.* Les baux à ferme et les licences actuelles expireront le 31 décembre 1812. Les adjudicataires des baux à ferme de la pêche se font dans les mêmes formes et devant les mêmes autorités que celles des coupes de bois. Exception à cette règle, 61 et *suiv.*

Rivières non navigables. Voyez *Ruisseaux.*

Riverains. Voyez *Fossés de clôture.*

Ruisseaux. Avis du conseil d'état concernant le droit de pêche dans les ruisseaux et les rivières non navigables, II, 63. Ce droit appartient aux propriétaires riverains, en se conformant aux lois générales et réglemens locaux concernant la pêche, 65.—Les communes riveraines qui jouissent de ce droit doivent l'affermer, 65.

Rompis. Sont les arbres qui ont été rompus par la moitié du corps, ou dont les branches maîtresses ont été détachées, I, 255. Voyez *Chablis.*

S.

SAPINS. Voyez *Arbres conifères, Montagnes.*

Saule. Se plaît dans les terrains aquatiques et les marais, I, 119.

Secrétaire. Voyez *Conservateur.*

Ségrairie. Voyez *Gruerie.*

Semis. Si l'on s'aperçoit que les jeunes arbres commencent à croître de moins en moins, il faut les couper jusqu'à terre, I, 123.—Le succès des semis dépend en grande partie de la préparation du terrain. Cette préparation doit différer suivant

la qualité des sols. Dans les terrains de bonne qualité, et qui ont reçu une culture suffisante, il convient de faire une demi-semence d'avoine avec
les glands ; mais il ne faut, en la récoltant, couper le chaume qu'à la moitié de sa hauteur ordinaire. Avantage de cette méthode, 124.—Plusieurs
semences qui poussent leurs enveloppes à la surface du terrain, ne doivent être recouvertes de
terre que d'un pouce ou d'un pouce et demi ; manière de les couvrir. D'autres n'ont presque pas
besoin d'être recouvertes,125.Les semis que l'on veut
faire sur le sommet ou les pentes des montagnes,
donnent lieu à des combinaisons particulières.
— Deux manières d'exécuter ces semis, 126
et suiv.—C'est surtout dans les années d'abondance qu'il faut se livrer aux opérations d'ensemencement, 128. Voyez *Clairières, Dépenses.*

Soldats retirés. Voyez *Militaires retirés.*

Sommier. L'administration, dans les premiers mo-
mens de son installation, a fait former, de tous
les bois impériaux, un sommier, dont un double
existe dans les bureaux de l'administration, et
l'autre dans ceux de chaque conservation, I, 70.
Voyez *Statistique.*

Souchetage. Est la reconnaissance qui se fait aux frais
de l'adjudicataire, des délits commis dans la vente
et à l'ouïe de la cognée, avant l'exploitation. But de
cette opération ; ses effets I, 205. Voyez *Récolement.*

Sous-inspecteurs. Doivent résider dans le lieu qui leur

est fixé dans leur sous-inspection, I , 5. — Correspondent avec l'inspecteur ; inscrivent dans un registre coté et paraphé leur travail de chaque jour et les rapports qui leur sont faits. Tournées auxquelles ils sont obligés, 31. —Se font représenter les registres des gardes, s'assurent de la régularité de leur service; assistent le conservateur dans sa tournée, et l'inspecteur dans les tournées qui ont pour but des opérations conjointes, 32. Les instructions données pour les inspecteurs sont communes aux sous-inspecteurs. Leur nombre dans tout l'empire. Moitié des emplois de ce grade est affectée aux officiers particuliers retirés, 33. Voyez *Officiers , Officiers retirés , Traitement.*

Sous-officiers retirés. Voyez *Militaires retirés.*

Sous-préfet. Voyez *Adjudication , Menus marchés , Sur enchères.*

Statistique. Chaque conservateur est chargé de former un état statistique des forêts impériales de son arrondissement, I , 72. — Il en est de même des forêts appartenant aux communes , aux hospices et autres établissemens publics, II , 72 , et aux particuliers, 120. Voyez *Conservateur sommier.*

Surenchères. On peut donner ce nom aux enchères qui ont lieu après l'extinction des feux ; elles se distingnent en tiercement, demi-tiercement et doublement. Définitions de ces mots I, 186.—Comment sont reçues les surenchères. Significations qui doivent en être faites. Les secrétariats des préfectures et sous-préfectures doivent être ouverts dans le tems des ventes; et il doit toujours y avoir un commis pour recevoir les actes, 187.— Cas dans lesquels les enchères peuvent être ouvertes sur les tiercemens, demi-tiercemens et doublemens,188. Tout enchérisseur est tenu d'élire domicile où les actes lui sont signifiés valablement, 189.

Sur-mesure. Le conservateur doit dresser annuellement et envoyer à l'administration un état général des sur-mesures et moins de mesures résultant des réarpentages des coupes. Il fait aussi remettre par l'inspecteur aux préposés du domaine un état des sur-mesures pour que ces derniers en poursuivent le recouvrement, I, 253. Voyez *Adjudicataire, Produits divers.*

Suspension. Voyez *Conservateur.*

T.

TABAC. Voyez *Gardes.*

Taillis. Voyez *Age des Coupes, Aménagement, Baliveaux, Témoins.* L'arpenteur est quelquefois obligé de planter des piquets sur les bords d'une coupe pour tenir lieu de pieds-corniers, tournans et parois; mais alors il emprunte au dehors ou au dedans de la coupe les arbres les plus proches et les plus apparens pour tenir lieu de témoins, I, 153.

Tems de Sève. Voyez *Adjudicataire, Coupe.*

Tiers et Dangers. Voyez *Gruerie.*

Timbre. Voyez *Certificats-mandats, Frais d'adjudication, Récolement, Traitement.*

Titres. Voyez *Archives.*

Tournans. Voyez *Pieds corniers*, *Témoins.*

Tournées. Voyez *Conservateur*, *Gardes généraux*, *Inspecteurs*, *Sous-Inspecteurs*, *Traitemens.*

Traite. Voyez *Vidange.*

Traitemens des Employés. Sont fixes; leur montant pour chaque grade, retenue de deux centimes par franc sur les traitemens pour former des fonds pour les retraites, I, 58. — Mandats nécessaires à chaque officier et employé pour recevoir son traitement à la fin des trimestres. Ces mandats sont visés par le directeur des domaines, 59.—Sont exempts de la formalité du timbre et de l'enregistrement; les sous-inspecteurs forment un état d'émargement à la fin de chaque trimestre pour le traitement des gardes particuliers; formalités à ce nécessaires, 60. Les gardes-pêche sont compris dans un état d'émargement qui leur est particulier. Le conservateur fournit à la fin de chaque trimestre l'état des traitemens qui ont été payés. Frais des bureaux alloués aux conservateurs, 61. — Etats des lettres et paquets dont les ports ont été payés par le conservateur, les inspecteurs et sous-inspecteurs; mode du remboursement qui leur en est fait. Indemnités accordées aux officiers et agens sur le produit des amendes, 55. — Gratifications prises sur les fonds provenant de l'économie sur les traitemens; encouragemens et vacations payées par les communes. Ces gratifications ne sont accordées que sur le vû des procès-verbaux de tournée. Rétributions accordées aux arpenteurs sont fixées par hectare de bois arpentés ou récolés, 63; états à fournir de ces rétributions; marche suivie pour en faire toucher le

II.   18

montant, 64. Voyez *Congé*, *Conservateur*, *officiers et employés*.

Traites. Voyez *Adjudication aux Enchères*.

Tranchées. Voyez *Adjudicataires*, *Arpentage des Coupes*.

Trésoriers des communes. Voyez *Percepteur à vie*.

Tuileries. Voyez *Usines*.

U.

UNIFORME. Voyez *Officiers et Employés*.

Usagers. Voyez *Bois de particuliers*, *Droits d'Usage*.

Usages. Voyez *Droits d'Usage*.

Usufruit. Voyez *Engagement*.

Usines. Il est défendu d'établir aucune usine pour la fonte du minerai, sans y être autorisé par un décret impérial. La même défense est faite à l'égard des martinets, verreries, tuileries, briqueteries, fours à chaux, et tous autres établissemens qui nécessitent une augmentation de feu, ainsi que des moulins à scie. Conditions à remplir de la part des demandeurs en permission de construire des usines. Charges ordinaires imposées par le gouvernement à ceux qui obtiennent ces permissions, II, 32. — Les officiers forestiers doivent provoquer les démolitions des usines construites sans autorisation, lorsqu'elles sont reconnues nuisibles. Lorsque pour favoriser l'industrie, le gouvernement a affecté au service d'une mine, une certaine quantité de bois, les officiers doivent examiner s'il convient de renvoyer les entrepreneurs à se pourvoir par la voie du commerce, 33. Voyez *Produits divers.*

Usurpations. Voyez *Bois communaux*, *Limites des Foréts.*

V.

VACANCES de Places. Voyez *Conservateur.*

Vacations. Les communes paient 8 fr. 82 c. par hectare pour le balivage et martelage, et 2 fr. 94 c. par hectare pour le récolement des coupes, qui leur sont délivrées en nature, II, 104. Elles paient 25 c. pour délivrance et récolement des pins, sapins et arbres épars, 105.—Mode de paiement de ces vacations; elles sont taxées par le conservateur et ordonnancées par le préfet. Le receveur de l'enregistrement en poursuit le recouvrement, 106. Il en est fait un état pour chaque exercice, 107. Voyez *Traitemens.*

Ventes des Coupes. Opérations dont elles doivent être précédées, I, 146, et *suiv.*

Verreries. Voyez *Usines.*

Vidange. Le tems pour extraire et débiter les arbres abattus est fixé au 15 septembre dans certains bois et au 15 avril suivant, dans d'autres. Il peut être dérogé à cette règle par une cause particulière du cahier des charges, I, 210.—Les adjudicataires ne peuvent pratiquer de nouveaux chemins pour faire la traite de leurs bois, I, 217. Voyez *Adjudicataire*.

Vieilles écorces. Voyez *Baliveaux*.

Volis. Voyez *Chablis*.

Fin de la Table des Matières contenues dans les deux Volumes.

FAUTES A CORRIGER,

ET SUPPLÉMENT.

TOME SECOND.

pages, lignes.

23,   9. Par le parcours des animaux qui la parcourent, *lisez*, du parcours des animaux.

59,   5. Les licences s'appliquent, *lisez*, les licences ont d'abord été appliquées.

59,   8. Veulent, *lisez*, ont voulu.

59,   9. Après l'*alinea*, ajoutez ce qui suit : Mais au prochain renouvellement des locations, on n'aura recours au mode de la licence que lorsqu'après une remise de quinzaine, prescrite par le cahier des charges, on se sera assuré que le cantonnement n'a pu être adjugé, ou que pour son peu d'étendue et d'importance, il n'est pas susceptible d'être affermé autrement : dans ce cas......

59,   10. Fait, *lisez*, fera.

59,   10. Annonce, *lisez*, annoncera.

59,   15. Ecrites, *lisez*, écrites en double.

59,   26. Après le mot *ibid.*, *ajoutez* : Autre circulaire du 3 avril 1812, n° 466.

60,   13. Quant aux cantonnemens, etc., *supprimez ces trois lignes.*

61,   7. Adjudications, *lisez*, adjudications qui seront passées pour neuf ans, à moins qu'il n'y ait des motifs suffisans pour adjuger à un terme moins long.

61,   13. Qui a dit, *lisez*, qui a été dit.

112,   4. Bandouilière, *lisez*, bandouillière.

pages, lignes.

117   19. Sacrifiant aux jouissances de l'avenir l'intérêt du
             moment, *lisez*, sacrifiant les jouissances de l'ave-
             nir à l'intérêt du moment.

124,   9. N° XXV, *lisez*, XXXV.

133,   1. par les établissemens, *lisez*, par les communes,
             établissemens publics, etc.

133,   8. Grueirie, *lisez*, gruerie.

134,   5. De domaine, *lisez*, du domaine.

137,   7. D'élayages, *lisez*, d'élagages.

148,   18. Et sous - inspecteurs, *lisez*, sous-inspecteurs et
             gardes-généraux.

160, (*huitième colonne*), jumens, *lisez*, jugemens.

162, (*huitième colonne*), usines, *lisez*, objets.

163, (*seizième colonne*), exploitées, *lisez*, exploités.

172,   18. Rouvrag, *lisez*, Rouvray.

179,   12. Lui envoyer chaque mois', *lisez*, envoyer chaque
             mois à l'administration.

190,   8. D'étayage, *lisez*, d'élagage.

195,   17. 328, *lisez*, 324.

200,   21. Restitution, *lisez*, rétribution.

203,   1. 1812, *lisez*, 1810.

206,   24. Congé de cour, *ajoutez* : 16 août. Arrêt de la cour
             de cassation relatif à la réserve des baliveaux.

207,   21. Matières forestières, *ajoutez* : 3 août. Circulaire
             n° 466, relative aux renouvellemens des baux
             pour la pêche.